UTB 3397

Eine Arbeitsgemeinschaft der Verlage

Böhlau Verlag · Köln · Weimar · Wien
Verlag Barbara Budrich · Opladen · Farmington Hills
facultas.wuv · Wien
Wilhelm Fink · München
A. Francke Verlag · Tübingen und Basel
Haupt Verlag · Bern · Stuttgart · Wien
Julius Klinkhardt Verlagsbuchhandlung · Bad Heilbrunn
Lucius & Lucius Verlagsgesellschaft · Stuttgart
Mohr Siebeck · Tübingen
Orell Füssli Verlag · Zürich
Ernst Reinhardt Verlag · München · Basel
Ferdinand Schöningh · Paderborn · München · Wien · Zürich
Eugen Ulmer Verlag · Stuttgart
UVK Verlagsgesellschaft · Konstanz
Vandenhoeck & Ruprecht · Göttingen
vdf Hochschulverlag AG an der ETH Zürich

Silke Heimes

Künstlerische Therapien

Ein intermedialer Ansatz

Vandenhoeck & Ruprecht

Dr. Silke Heimes (www.silke-heimes.de) ist Professorin für Kunsttherapie an der Internationalen Hochschule Calw, Ärztin, Autorin und Leiterin des Instituts für kreatives und therapeutisches Schreiben (www.ikuts.de). Sie promovierte über Peter Handke: *Schreiben als Selbstheilung* und machte eine Ausbildung zur Poesietherapeutin am Fritz-Perls-Institut (FPI). Im Verlag Vandenhoeck & Ruprecht erschien von ihr *Kreatives und therapeutisches Schreiben. Ein Arbeitsbuch* (2008) und *Schreib es dir von der Seele. Kreatives Schreiben leicht gemacht* (2010). Im Wiesenburg Verlag erschienen der Gedichtband *irrlichter* (2008), der Erzählband *Der Fremde* (2008) und die Romane *Die Geigerin.* (2009) und *Der Antiquar* (2010). Daneben rege Arbeit und Ausstellungstätigkeit als Künstlerin.

Mit 9 Abbildungen

Bibliografische Information der Deutschen Nationalbibliothek

Die Deutsche Nationalbibliothek verzeichnet diese Publikation in der Deutschen Nationalbibliografie; detaillierte bibliografische Daten sind im Internet über http://dnb.d-nb.de abrufbar.

© 2010 Vandenhoeck & Ruprecht GmbH & Co. KG, Göttingen.
Internet: www.v-r.de
ISBN 978-3-8385-3397-1 (utb-e-book)

Alle Rechte vorbehalten. Das Werk und seine Teile sind urheberrechtlich geschützt. Jede Verwertung in anderen als den gesetzlich zugelassenen Fällen bedarf der vorherigen schriftlichen Einwilligung des Verlages. Hinweis zu § 52a UrhG: Weder das Werk noch seine Teile dürfen ohne vorherige schriftliche Einwilligung des Verlages öffentlich zugänglich gemacht werden. Dies gilt auch bei einer entsprechenden Nutzung für Lehr- und Unterrichtszwecke. – Printed in Germany.

Umschlaggestaltung: Atelier Reichert, Stuttgart
Gesamtherstellung: ⊕ Hubert & Co, Göttingen

ISBN 978-3-8252-3397-6 (**UTB-Bestellnummer**)

Inhalt

Vorwort 7

I Vorüberlegungen und Grundlagen 9
   1 Hurra, noch sind wir in der Krise 9
   2 Medialität und Intermedialität 11
   3 Wahrnehmung und Wahrnehmungspsychologie 16
   4 Kreativität und Kreativpädagogik 19

II Kunst, Therapie und Künstlerische Therapien 28
   1 Das poetische Leben 28
   2 Die Wurzeln der Kunsttherapie 31
   3 Der Mensch in den Künstlerischen Therapien 37
   4 Wirkungen Künstlerischer Therapien 39

III Künstlerische Therapien 52
   1 Kunsttherapeutische Bereiche 52
   2 Intermediale Kunsttherapie 54
   3 Maltherapie 61
   4 Gestalttherapie 68
   5 Gestaltungstherapie 72
   6 Musiktherapie 77

7   Tanztherapie 80
8   Therapeutisches Theater und Psychodrama 81
9   Poesietherapie 85
10 Bibliotherapie 88

IV Kunsttherapeutische Forschung 91
1   Grundsätzliche Überlegungen 91
2   Naturwissenschaftliche Forschung 94
3   Kunsttherapeutische Forschung 95

V Praxisbezogene Anwendungen 105
1   Einführung 105
2   Übungsbeispiele 108

Bildnachweis 134

Literatur 135

Vorwort

Als ich begann, mich mit den Künstlerischen Therapien zu beschäftigen, hatte ich, begierig und euphorisch wie man sich in eine neue Sache stürzt, zwei Wünsche: Zum einen wollte ich möglichst viele künstlerische Methoden praktisch kennenlernen und zum anderen schnell einen umfassenden Überblick über die Künstlerischen Therapien, ihre Grundlagen, Bedingungen, Ausrichtungen, Anwendungsbereiche, gesellschaftlichen Implikationen und ihren wissenschaftlichen Status Quo erhalten. Mit anderen Worten: Ich wollte eine Eier legende Wollmilchsau.

Da ich die Neigung habe an Wünschen – mögen sie noch so irrational sein – festzuhalten, wünsche ich mir auch heute noch ein Buch, das einen ersten, einführenden Überblick über die Künstlerischen Therapien und ihre mannigfaltigen Möglichkeiten und Wirkungen gewährt; das bemüht ist, möglichst viele Bereiche der Künstlerischen Therapien zu öffnen und auf damit verbundene Aspekte hinzuweisen.

Ein solches Buch kann selbstredend keines sein, das sich einzelnen Bereichen vertiefend widmet, sondern wird vielmehr eines, in dem der Anspruch auf Vollständigkeit und Detailliertheit zugunsten des Übersichtscharakters fallen gelassen werden muss, sofern sein Umfang im Bereich des Druck-, Les-, Versteh- und Finanzierbaren bleiben soll.

Um mein Bedürfnis nach Vertiefung und Detailtreue nicht gänzlich aufzugeben, habe ich mich bemüht, an den entsprechenden Stellen auf weiterführende Literatur zu verweisen, wodurch das Literaturverzeichnis umfangreich geworden ist. Das soll allerdings nicht abschrecken, sondern einladen, Fragen anhand weiterführender Literatur zu klären und auf diese Weise seinem ganz persönlichen Interessengebiet innerhalb der Künstlerischen Therapien nachzuspüren.

Wie sich die Künstlerischen Therapien und die in ihr involvierten Menschen stets in einem Prozess befinden, befindet sich auch dieses Buch in einem Prozess, der durch das Feedback der Leser bereichert werden kann und muss, sofern er lebendig und fruchtbar bleiben soll. Deswegen bin ich für Anregungen und konstruktive Kritik offen und dankbar. Dafür steht das Diskussionsforum auf www.utb-mehr-wissen.de zur Verfügung. Auf dieser Seite finden Sie auch ergänzendes Material.

Silke Heimes, im Juni 2010

I Vorüberlegungen und Grundlagen

1 Hurra, noch sind wir in der Krise

Wo man steht und geht, hinsieht und hinhört, überall Krisenstimmung und manifeste Krisen: wirtschaftliche, ökologische, gesundheitspolitische und gesamtgesellschaftliche. Wie es scheint, gab es noch nie so viele und schlimme Krisen wie in dieser Zeit. Banken benötigen finanzielle Unterstützung, das Gesundheitssystem ist marode, die Renten sind schon lange nicht mehr sicher, die Kinderarmut steigt und das Bildungssystem verspricht nur noch dem Namen nach Bildung.

Auch wenn es historisch und faktisch nicht zutreffen mag, dass die aktuelle Krise die schlimmste ist, ist sie doch die schlimmste gefühlte Krise, was der ausschlaggebende Faktor ist und ein Näheverhältnis zum subjektiven Leiden eines jeden Menschen herstellt, um den es in der Medizin und insbesondere in den Künstlerischen Therapien geht.

Geht man hypothetisch einmal davon aus, dass es sich aktuell tatsächlich um eine der schwersten globalen Krisen in der Geschichte der Menschheit handelt, beinhaltet dies zugleich eine der größten Chancen der Menschheit, bedenkt man, dass das griechische Wort *krisis* so viel wie Entscheidung bedeutet und eine problematische, mit einem Wendepunkt verknüpfte Situation bezeichnet, die noch ergebnisoffen ist und nicht zwangsläufig in einer Katastrophe enden muss.

Eine Krise ist, dem Wortsinn nach, also primär nicht negativ konnotiert. Erst, wenn eine Situation in einen dauerhaft negativen Verlauf mündet, spricht man von einer Katastrophe, die dann tatsächlich einen negativen Sachverhalt meint. Nicht die Krise als solche ist schlimm, sondern die drohende, imaginierte Katastrophe, die sich sowohl im Globalen als auch im Persönlichen durch überlegtes und sinnvolles

Denken und Handeln vielleicht verhindern lässt. Man könnte also sagen: Hurra, noch sind wir in der Krise.

Es ist ein Wendepunkt, ein Punkt der Entscheidung erreicht – was die Chance birgt innezuhalten, gewahr zu werden, zu analysieren, nachzudenken, sich zu orientieren, auszurichten, neue Perspektiven zu entwickeln und zu handeln. Sprich: Es besteht die Möglichkeit, Einfluss auf den Verlauf der Krise zu nehmen und Katastrophen zu verhindern. Bildlich gesprochen steht man auf einem Gipfel und hat die Wahl zwischen verschiedenen Wegen. Vom Gipfel aus kann es zunächst zwar, zumindest zu Fuß, nur abwärts gehen, aber es gibt durchaus reizvolle Wege und nicht alle führen ausschließlich nach unten, sondern einige winden sich um den Berg herum oder haben einen wellenförmigen Verlauf.

Auch die persönliche Krise, die oft zugleich eine psychische Krise ist, beinhaltet eine Chance. In der Psychologie versteht man unter einer psychischen Krise im weitesten Sinn ein überraschendes Geschehen, das in der Regel mit einem schmerzhaften seelischen Empfinden einhergeht und zu einer Situation führt, die mit den gewohnten, zu diesem Zeitpunkt zur Verfügung stehenden Problemlösungsstrategien nicht in ausreichendem Maß bewältigt werden kann. In Krisensituationen, wenn die eigenen Problemlösungsstrategien nicht mehr ausreichen, ist es also angebracht, sich Unterstützung zu holen, um neue Strategien zu entwickeln, Ressourcen zu entdecken und neue Fähigkeiten zu erwerben.

In einer Krise sind kreative Fähigkeiten gefragt, die ungewohnte Perspektiven eröffnen und helfen, Lösungsstrategien zu entwickeln. Dabei bedürfen sowohl der Hilfesuchende als auch der Hilfegewährende der kreativen Fähigkeiten, um gemeinsam Konzepte und Visionen zu entwickeln, Schritte zu planen und diese probeweise zu gehen. Nur durch den Einsatz kreativer Fähigkeiten können bisher nicht bekannte Lösungsansätze gedacht und gefunden werden. Je breiter das kreative Angebot, je mehr Zeit, Raum und Aufmerksamkeit zur Verfügung stehen, umso mehr potenzielle Lösungsansätze werden sich ergeben, umso größer ist die Wahrscheinlichkeit, individuelle Wege zu finden.

Wird eine Krise als Chance begriffen, ist es die Aufgabe der Künstlerischen Therapien, auf kreative Weise bei der Bewältigung der Krise zu helfen. Dafür bedarf es eines fundierten Wissens, der Flexibilität und Empathie auf Seiten des begleitenden Kunsttherapeuten, sowie der Bereitschaft, des Vertrauens und Mutes auf Seiten des Patienten; nicht zuletzt müssen adäquate finanzielle Mittel zur Verfügung gestellt werden, die einen angemessenen Arbeitsrahmen ermöglichen.

2 Medialität und Intermedialität

2.1 Komplexität der Gesellschaft

Gesellschaft, Wirtschaft und Wissenschaft werden immer komplexer, die Lebenszusammenhänge anspruchsvoller. Menschen sind international vernetzt und kommunizieren mittels zahlreicher Medien, die zuweilen simultan geschaltet sind. Die Sinneseindrücke, die das menschliche Gehirn jeden Augenblick zu verarbeiten hat, sind immens, mehrere Sinne sind zugleich gefordert, manchmal sogar überfordert, und der Mensch ist gezwungen, sich auf irgendeine Weise zu den Herausforderungen und Veränderungen ins Verhältnis zu setzen.

Er kann versuchen, diese multiplen, schnell auf ihn einströmenden Reize ebenso schnell und flexibel zu beantworten, wie sie ihm dargeboten werden, oder er kann sich ihnen verweigern, sich gegen sie so weit wie möglich abgrenzen und sie unbeantwortet lassen. Verweigert er sich, besteht die Gefahr, dass er den Anschluss an eine Gesellschaft verliert, die einen flexiblen, extrem belastbaren, schnellen und leistungsfähigen Menschen auf dem neuesten Stand des Wissens und in bestem Funktionszustand fordert, vergleichbar einem Hochgeschwindigkeitszug, der technisch perfekt, aber für Störungen von außen und kleinste Funktionsfehler im Inneren besonders empfindlich und anfällig ist und nur schwer reparierbar, da die technischen Module so kompliziert sind, dass es anderer komplizierter technischer Module bedarf, um das Problem überhaupt zu erkennen. Hochgezüchtete Rennpferde fallen einem ein, auch sie extrem schnell und leistungsfähig, zugleich hypernervös und krankheitsanfällig.

Die Vergleiche und die angeführten Handlungsextreme verdeutlichen das Spannungsfeld, dem der Mensch in einer zunehmend medial organisierten Welt ausgesetzt ist. Will er in dieser Welt bestehen, wozu er meist gezwungen ist, muss er sich zu den Veränderungen in seinem

Lebens- und Arbeitsumfeld auf angemessene Weise verhalten und sich daran anpassen. Dabei geht es um eine Balance zwischen Veränderung und Beständigkeit, Geschwindigkeit und Verlangsamung, Entäußerung und Zentrierung, Anspannung und Entspannung.

Über den Sinn und die Notwendigkeit dessen, was in der Welt vorgeht und auf den Menschen einwirkt, lässt sich kontrovers diskutieren. Schon Friedrich Schiller beklagte in der Romantik, dass der Fortschritt in Technik und Wissenschaft zur Verarmung des Einzelnen in Hinblick auf die Entfaltung seiner Anlagen und Kräfte führe. Indem sich das Ganze als Totalität zeige, so Schiller, höre der Einzelne auf zu sein, was er gemäß eines idealisierten Vorbildes der Antike war, nämlich eine Person als Totalität im Kleinen. In Alltag und Berufswelt an Bruchstücke gefesselt, bilde auch der Mensch sich nur mehr als Bruchstück heraus und entwickle nie die Harmonie seines kompletten Wesens. Nur im Spiel der Kunst könne der Krebsschaden, den die Gesellschaft verursacht habe, kompensiert werden.

Tatsache ist, dass der Mensch den Vorgängen und Veränderungen um sich herum ausgesetzt ist und einen aktiven Umgang mit den Anforderungen finden muss, will er nicht zum passiven Spielball der Gegebenheiten werden. Überließe er sich dem Lauf der Dinge, fände er sich bald in einer abgeschlagenen, ohnmächtigen Position und hätte nicht mehr die Möglichkeit, aktiv zu entscheiden, wann, wo und auf welche Weise er auf die an ihn gestellten Ansprüche und Forderungen reagieren möchte.

In einer leistungsorientierten Welt, in der Schlachtrufe wie *Everything is possible* und *No limits* erklingen, sind auch Krankheit und Gesundheit längst zu Schlagworten geworden, die sich Politiker in Wahlen an die Köpfe werfen, und die keine Aussagekraft mehr haben, weil sie den Menschen als Individuum mit seinen spezifischen Lebensraumbedingungen und Bedingtheiten, seinen Gedanken, Gefühlen, Vorstellungen und sozialen Kontexten nicht mehr oder nicht ausreichend zu berücksichtigen vermögen.

2.2 Moderne Medizin und Gesundheit

1964 definierte die Weltgesundheitsorganisation (WHO) Gesundheit als einen Zustand des völligen körperlichen, geistig-seelischen und sozialen Wohlbefindens. Und obwohl ein solcher Zustand nur schwer vorstellbar und noch schwerer zu realisieren scheint, hat die Weltgesundheitsorganisation damit immerhin erreicht, dass Gesundheit heute umfassender verstanden wird denn als Zustand, der sich lediglich durch die Abwesenheit von Krankheit auszeichnet.

Mittlerweile allerdings hat die Medizin, die ja vor allem die Gesundheit des Menschen im Blick haben sollte, die adaptiven Leistungen, die vom Menschen im Alltag erwartet werden, selbst nicht zu leisten vermocht, sondern sich im Gegenteil immer weiter spezialisiert und diversifiziert. Die moderne Medizin hat den menschlichen Körper auseinandergenommen und seine vermeintlichen, *in realitas* jedoch fiktiven Einzelteile immer kleineren Fachgebieten zugeordnet, wodurch sie sich den Blick auf den Menschen als einheitliches Ganzes, als denkendes, fühlendes und handelndes Wesen partiell verstellt hat und in der Folge nicht mehr in der Lage ist, dem Menschen als Individuum auf ganzheitlicher Ebene zu begegnen und zu helfen.

Dabei nimmt es nicht Wunder, dass die Menschen, die die Zersplitterung und Spezialisierung begünstigt und vorwärts getrieben haben, unter anderem Gesundheitspolitiker und Ärzte, selbst nicht gern von ihr betroffen sind, sondern sich trotz ihres Fachwissens, sollten sie einmal krank werden, in der Medizinmaschine ebenso hilflos und verloren fühlen wie jeder Laie.

Kein Mensch möchte technisiert, fragmentarisiert und funktionalisiert werden, schon gar nicht, wenn es ihm schlecht geht und er sich eine Hilfe erhofft, die anders ist als das, was ein Gutteil zu seinem Zustand beigetragen hat, nämlich Funktionalisierung und Reduzierung. Um den Menschen und seine Lebensrealität in seiner Ganzheit wieder in den Blick zu bekommen, wenigstens ansatzweise zu erfassen und – sofern gewünscht und möglich – zu begleiten, bedarf es einer umfassenden Sicht auf den Menschen, seine Belastungen und Einschränkungen, aber auch seine Fähigkeiten und Möglichkeiten.

2.3 Mediale Herausforderungen

Will man den Menschen weder aus dem System herauslösen noch darin untergehen lassen, braucht es Ansätze, die den Gegebenheiten und Interdependenzen, in denen der Mensch sich befindet, auf sinnvolle Weise Rechnung tragen, indem sie diese bei ihrer Suche nach Antworten berücksichtigen. Weil das hochkomplexe System, in dem der Mensch sich bewegt, von zahlreichen unwägbaren Faktoren, nicht zuletzt vom Menschen selbst, beeinflusst wird, bedarf es einer Antwort, die in der Lage ist, sich den rasch wechselnden Umständen in ebenso schneller und flexibler Weise anzupassen.

Eine mögliche Antwort auf die medialen und intermedialen Herausforderungen liegt auf derselben Ebene, auf der die Forderungen an den Menschen herangetragen werden: Sie finden in einer intermedialen Kunsttherapie ihre Entsprechung. Nicht dadurch, dass der Mensch die Lebensrealität verneint oder verleugnet und sich zurückzieht, ist er in der Lage, eine gesunde Form der Bewältigung zu finden, sondern nur, indem er sich in einem geschützten Raum mit den Gegebenheiten aktiv und interaktiv auseinandersetzt, wird er Lösungsstrategien erarbeiten, die sich im Alltag als tragfähig erweisen müssen.

Die Künstlerischen Therapien stellen diesen geschützten Raum zur Verfügung, in dem sich der Mensch mit verschiedenen Medien und Ausdrucksformen beschäftigen kann und die Möglichkeit erhält, Bewältigungsstrategien zu erproben. Indem der Mensch im künstlerischen Kontext Erfahrungen sammelt, erwirbt er zugleich Fähigkeiten, die ihn in die Lage versetzen, selbst zu entscheiden, auf welche Reize und Forderungen er in welcher Art und Weise reagieren will. Dabei kann auch das Nichtreagieren als Reaktion verstanden werden, als aktive Verweigerung, die eine andere Haltung impliziert als passive Verweigerung, der eine Überforderung und keine bewusste Entscheidung zugrunde liegt.

In den Künstlerischen Therapien hat der Mensch selbstbestimmt und eigenverantwortlich an der Therapie teil und gestaltet den therapeutischen, respektive künstlerischen Prozess in interaktiver Weise mit. Zwei Experten, Patient und Therapeut, suchen, unter Einbeziehung der Lebensrealität und der Ressourcen des Patienten, gemeinsam einen individuellen Weg zu seinem Wohl. Dafür werden im intermedialen Ansatz mehrere künstlerische Ausdrucksformen wie Sprache, Bewegung, Musik, Malen und Gestaltung miteinander kombiniert, wobei die einzelnen Medien und die mit ihnen verbundenen Reize nicht getrennt wirken, sondern simultan, so wie es der Lebensrealität entspricht.

2.4 Das menschliche Gehirn

Das intermediale Konzept trägt aber nicht nur der komplexen Lebensrealität des Menschen Rechnung, sondern zugleich der neuronalen Verschaltung des menschlichen Gehirns. Ein durch den intermedialen Einsatz künstlerischer Mittel und Methoden gefördertes vielfältiges Angebot an Sinneseindrücken korrespondiert am besten mit der Organisation des Gehirns, in dem eine Synchronisation visueller, auditiver, somatosensorischer und motorischer Sinneseindrücke auf neuronaler Ebene stattfindet.

Schon in früher Kindheit schaltet das Gehirn Merkmalsbedeutungen zusammen, um die Umwelt ganzheitlich wahrnehmen und erleben zu können. Verschiedene Sinnesdaten werden zu kohärenten Wahrnehmungseindrücken zusammengefasst, ohne die die Wahrnehmungswelt eine Anhäufung von Eindrücken ohne Sinn und Zusammenhang bliebe.

Gerade Kinder sind in besonderer Weise in der Lage, die in der einen Sinnesmodalität aufgenommenen Informationen in eine andere zu übersetzen. Diese Fähigkeit bleibt prinzipiell lebenslang erhalten und kann, auch wenn sie durch Alltagszwänge in den Hintergrund gedrängt wurde, aktiviert und gefördert werden.

2.5 Ressourcenaktivierung

Unter der Voraussetzung des dosierten und achtsamen Umgangs mit den verschiedenen Medien können die vielfältigen, simultanen Sinnesanregungen zur Stimulation des Gehirns beitragen. Sie ermöglichen es dem Menschen Verhaltensweisen zu generieren, die ihn befähigen, im Alltag schneller und leichter zu reagieren, so dass ihn die dort ebenfalls zahlreich auf ihn einströmenden Reize nicht mehr überfluten.

Dabei geht es in den Künstlerischen Therapien nicht in erster Linie um Kunsthandwerk oder -fertigkeit, sondern darum einen adäquaten Ausdruck zu finden, der einen befriedigenden Umgang mit Gefühlen und Gedanken ermöglicht. Dabei hängt die Wahl der Ausdrucksmittel des Einzelnen von zahlreichen in der Gegenwart und Vergangenheit des Individuums begründeten Faktoren ab und ist im Prozess variabel.

Je mehr Erfahrungen mit den verschiedenen Medien und Materialien existieren, umso leichter und fließender lassen sich Übergänge gestalten, umso flexibler können die Ausdrucksformen genutzt werden. Auf diese Weise wird in den Künstlerischen Therapien ein alternativer Erfahrungsraum geschaffen, der gestaltend genutzt werden kann, um neue Erfahrungen zu sammeln und Ressourcen zu aktivieren, die zu einer sinnerfüllten Alltagsbewältigung beitragen.

3 Wahrnehmung und Wahrnehmungspsychologie

Als Grundlage für die Wahrnehmung dient dem Menschen ein komplexes, differenziertes Sinnessystem, das Eindrücke über die Sinnesorgane aufnimmt und vermittels Nervenbahnen an das Gehirn leitet, wo sie verarbeitet werden.

Es wurden zahlreiche Versuche unternommen, die verschiedenen Sinne durch Einteilung zu systematisieren. Der britische Neurophysiologe Charles Sherrington, der sich an Lage und Wirkrichtung von Rezeptoren orientierte, kam auf dreizehn Sinne: Stellungs-, Spannungs-, Lage-, Bewegungs-, Tast-, Geschmacks-, Druck-, Berührungs-, Temperatur-, Schmerz-, Gesichts-, Gehör- und Geruchssinn (Sherrington 1906). Der österreichische Philosoph Rudolf Steiner sprach in seiner Sinneslehre von zwölf Sinnen und ordnete den körperorientierten Sinnen den Lebens-, Sprach-, Wort-, Gedanken- und Ichsinn bei (Steiner; Vorträge 1922/23).

Neben den Sinnesorganen und den leitenden Nervenfasern spielt das Gehirn als verarbeitendes und steuerndes System von Reizen eine entscheidende Rolle bei der Wahrnehmung. Es umfasst bei Frauen etwa neunzehn und bei Männern ungefähr dreiundzwanzig Milliarden Nervenzellen.

Da bei der Geburt annähernd alle Nervenzellen vorhanden sind, resultieren Gewichts- und Größenwachstum des Gehirns in erster Linie aus der Vernetzung der Neuronen und dem Dickenwachstum der Verbindungen. Die Vernetzung von Nervenzellen vollzieht sich vorwiegend in den ersten Lebensjahren, wobei diese Prozesse nie ganz abgeschlossen sind und sowohl für die primäre als auch die sekundäre Vernetzung stimulierende Reize unabdingbar sind (Heimes 2008).

Eine weitere für die Wahrnehmung entscheidende Struktur im Gehirn ist das limbische System, in dem alle Signale verarbeitet werden und eine emotionale Komponente erhalten. Dabei erlebt und deutet jede Spezies ihre Umwelt über die Informationen, auf deren Verarbeitung ihre Sinnesausstattung programmiert ist. Nur der Mensch verfügt neben der physiologischen Sinnesausstattung über die Fähigkeit, symbolisch vermittelte Informationen aufzunehmen und sich darüber neue Perspektiven zu eröffnen.

Steht der Begriff der Wahrnehmung in der Biologie ganz grundlegend für die Fähigkeit eines Organismus, mit seinen Sinnesorganen Informationen aufzunehmen und zu verarbeiten, werden in der Psychologie für die Wahrnehmung nur jene Sinnesreize als bedeutsam erachtet, die der Anpassung des Individuums an seine Umwelt dienen oder ihm Rückmeldungen über die Auswirkungen seines Verhaltens geben.

Gemäß dieser Definition dienen also nicht alle Sinnesreize der Wahrnehmung, sondern nur die, die kognitiv verarbeitet werden und der Orientierung und Ausrichtung des Wahrnehmenden helfen. Eine unter diesem Aspekt betrachtete Wahrnehmung ermöglicht sinnvolles Handeln und planerisches Denken und kann als Grundlage von Lernprozessen verstanden werden.

Die menschlichen Sinne sind Vermittler von Empfindungen, wobei die Sinnesorgane nur einen Teil der vorhandenen Reize aufnehmen und jede Wahrnehmung zuerst in einem sensorischen Speicher auf ihren Nutzen hin untersucht wird, bevor sie, sofern relevant, weiterverarbeitet wird. Wahrnehmungen sind also von Erinnerungen und Erwartungen abhängig: Ein Mensch kann nur wahrnehmen, was er wahrzunehmen bereit ist und gelernt hat. Kognitive Beurteilungsprogramme entscheiden, was wahrgenommen wird, so dass Wahrnehmung immer zugleich an die Biographie des Wahrnehmenden gebunden ist.

Um Beunruhigung und Verunsicherung zu vermeiden, stellt das Gehirn, das verschiedene Reize gleichzeitig verarbeitet, aus einzelnen, zunächst nicht zusammenhängenden Objekten ein einheitliches Ganzes her, um Dinge möglichst schnell in ihrer Grundbedeutung zu erfassen. Das Gehirn organisiert Zusammenhänge und sieht, dem menschlichen Bedürfnis nach kausalen Beziehungen folgend, auch dort Verbindungen, wo keine vorhanden sind. Dabei stehen Wahrnehmung und wahrgenommenes Objekt in einem ständigen Wechselverhältnis, so dass sich das wahrgenommene Objekt durch die sinnliche Aufnahme und Weiterverarbeitung in seiner Bedeutung verändert, wodurch sich wiederum die Wahrnehmung des Objektes verändert.

Die Fähigkeit, Inhalte wahrzunehmen, ohne ihnen automatisch Bedeutungen beizumessen, muss geschult werden, um neue bildhafte Erkenntnisse zu gewinnen und andersartige Gestaltungsformen zu ermöglichen. So gesehen verlangt künstlerisches Handeln ein Experimentieren mit der Wahrnehmung, um starre Interpretationsweisen aufzulösen und die Entwicklung alternativer Perspektiven zu erlauben (Tunner 1999).

Der amerikanische Philosoph Nelson Goodman, der später eng mit den Gestalttherapeuten Laura und Frederick Perls zusammenarbeitete und zur Entstehung der Gestalttherapie beitrug, sagt, dass die Welt auf so viele Weisen ist, als man sie korrekt beschreiben, sehen und bildlich darstellen kann, und dass es so etwas wie die Weise, in der die Welt ist, nicht gibt. Das Auge beginne seine Arbeit immer schon erfahren, wobei es von seiner eigenen Vergangenheit und von alten und neuen Einflüsterungen des Ohrs, der Nase, der Zunge, der Finger, des Herzens und des Gehirns beherrscht werde. Nicht nur wie, sondern auch was es sieht, werde durch Bedürfnis und Vorurteil reguliert. Das Gehirn wähle aus, verwerfe, organisiere, unterscheide, assoziiere, klassifiziere und konstruiere, wodurch es eher etwas erfasse und erzeuge als widerspiegele (Goodman 1973).

Auch der deutsche Philosoph Hans-Georg Gadamer beschreibt die reine Wahrnehmung als einen Grenzfall, der kaum eintrete, da jede Wahrnehmung einer Sinngegebenheit schon Abstraktionsleistung und niemals Spiegelung sei: »So ist es kein Zweifel, daß das Sehen als ein artikuliertes Lesen, dessen, was ist, vieles was da ist, gleichsam wegsieht, so daß es für das Sehen eben nicht mehr da ist; ebenso aber, daß es von seinen Antizipationen geleitet hineinsieht, was gar nicht da ist.« (Gadamer 1990)

4 Kreativität und Kreativpädagogik

4.1 Der Begriff der Kreativität

1962 versuchten der amerikanische Pädagoge Jakob Getzels und sein Kollege Philip Jackson Kriterien festzulegen, die den kreativen Menschen als solchen erkennbar machen sollten. Dabei kamen sie auf vier Merkmale, die einen Menschen als kreativ auszeichnen: kreative, intelligente, moralische und psychologische Fähigkeiten (Getzels und Jackson 1962). Damit erklärten sie den Begriff allerdings nicht hinlänglich, da der Terminus der kreativen Fähigkeit so wenig fassbar bleibt wie das zugehörige Substantiv.

Der Psychologieprofessor Mihály Csíkszentmihályi unterscheidet zwischen kreativen, von der Umwelt als brillant wahrgenommen Menschen; einer persönlichen Kreativität, die für ein Individuum eine überraschende und hilfreiche Idee bereit halte; und Kreativität schlechthin, die sich aus einer Interaktion zwischen Kultur, Einzelperson und Experten ergebe, welche die gemachte Innovation anerkennen (Csíkszentmihályi 1997).

Der amerikanische Psychologieprofessor Donald MacKinnon bezieht sich in seiner Definition auf die Kreativität als solche und definiert sie als eine neue Idee, die zu verwirklichen ist und der Verbesserung oder Veränderung dient. Kreativität sei keine Eigenschaft, die entweder vorhanden ist oder nicht, sondern etwas, das erlernt und gefördert werden könne, wobei die Lernfähigkeit von Faktoren wie Begabung, Motivation, Neugier, Originalität und Frustrationstoleranz abhänge (MacKinnon 1978).

4.2 Kreativität als Lebenshaltung

Geht man von der Kreativität als einer Grundvoraussetzung für das Leben aus, ist jeder Lebensweg kreativ, gestaltend und künstlerisch, wenn man die adaptiven Leistungen bedenkt, die der Mensch im Lauf seines Lebens vollbringt, um individuelle Lebenswege zu finden und angemessene Lösungsstrategien zu entwickeln. Die Aufnahme der Welt durch die Sinne, die Verbindung einzelner Wahrnehmungen zu Ganzheiten, das Memorieren von Erfahrungen, das Herstellen von Verbindungen zwischen Erfahrungen und der Austausch zwischen Menschen sind kreative Tätigkeiten, vermittels derer Zusammenhänge hergestellt und Bedeutungen generiert werden. Das impliziert, dass prinzipiell jeder Mensch in der Lage ist, sein Leben auf kreative Weise zu gestalten und zu seiner Gesundung und Gesunderhaltung beizutragen. Das gesamte Leben eines Menschen ist kreative Auseinandersetzung mit der Welt, bestehend aus Anpassungsleistungen auf der einen und gestaltender Veränderung auf der anderen Seite (Heimes 2008).

Der englische Kinderarzt und Psychoanalytiker Donald Winnicott ging davon aus, dass der schöpferische Umgang mit Alltagsanforderungen ein wesentliches Merkmal seelischer Gesundheit ist, und verstand Kreativität als eine Haltung gegenüber der Realität, als etwas, das zum Lebendigsein gehört und Lebenssinn schafft: »Wir beobachten, dass Menschen entweder kreativ leben und das Leben für lebenswert halten, oder dass sie es nicht kreativ leben können und an seinem Wert zweifeln. Dieser Unterschied zwischen den einzelnen Menschen hängt direkt mit der Qualität und Quantität der Umweltbedingungen zu Beginn oder in den ersten Phasen der individuellen Lebenserfahrung zusammen.« (Winnicott 1974)

Auch Csíkszentmihályi sieht in der Kreativität eine zentrale Sinnquelle des Lebens und bezeichnet sie als etwas, das den Menschen aus dem Alltag heraushebt und ihm das tiefe Gefühl vermittelt, Teil von etwas zu sein, das größer ist als er selbst. Kreativität hinterlasse ein Ergebnis, das zum Reichtum und zur Komplexität des Lebens beitrage.

Folgt man diesem Gedanken, kommt man zu der beruhigenden Überzeugung, dass die kreative Lebensfähigkeit eines Menschen nie vollständig zerstört werden kann. Vielmehr existiert, wenn Kreativität ein Merkmal des Lebendigseins ist, sogar bei äußerster Angepasstheit ein kreativer Lebensbereich, der durch Erfahrung wiederbelebt werden kann.

4.3 Kreativitätsförderung

Damit der kreativ Tätige in Therapie und Pädagogik gestaltend zum Ausdruck kommen kann, bedarf er grundlegender Fähigkeiten und

Techniken im Umgang mit kreativen Materialien. In der kunsttherapeutischen und kreativpädagogischen Arbeit ist es deswegen unabdingbar, dass Menschen die verschiedenen Charaktere von Materialien in allen ihren Qualitäten erfahren, weil nur dadurch ihre Sinnesentwicklung bestmöglich gefördert werden kann. Dabei ist es die Aufgabe des Therapeuten oder Pädagogen, Fähigkeiten und Techniken zu vermitteln und Bedingungen zu schaffen, unter denen Kreativität möglich ist. Raum, Zeit und Mittel müssen so zur Verfügung gestellt werden, dass sie ein Experimentieren gestatten und einen individuellen Zugang zu kreativen Ressourcen ermöglichen.

Nimmt man den Gedanken noch einmal auf, dass Kreativität zur Grundeinstellung eines Individuums gegenüber der Realität gehört und ein Kind beim Spiel frei sein muss, um schöpferisch sein zu können, dann kristallisiert sich eine Aufgabe der Gesellschaft heraus: Sie muss für Kinder Bedingungen schaffen, unter denen sie spielend schöpferisch sein können, sich Welt aneignen und eine Idee des eigenen Selbst entwickeln, um dem Leben auf existenzielle und kreative Weise Sinn geben zu können. Potenziale kindlicher Phantasie müssen frühzeitig erkannt und gefördert werden, da Phantasie das zentrale Vermögen darstellt, eine Synthese zwischen Welt und Selbst herzustellen.

Es ist notwendig, sich Gedanken zu machen, welche Grundsteine in der Kindheit gelegt werden müssen, um ein Individuum in dieser prägenden Phase mit den bestmöglichen Fähigkeiten und Ressourcen auszustatten. Um es auf eine leicht verständliche Formel zu bringen: Gesunde Kinder werden zu gesunden Erwachsenen, und je mehr Rüstzeug man Kindern für einen kreativen Lebensweg mitgibt, umso besser sind sie für ihre Zukunft als Erwachsene ausgestattet.

Der frühzeitige Erwerb kreativer Fähigkeiten kann als beste Versicherung für einen kompetenten Umgang mit schwierigen Verhältnissen in späteren Lebensphasen verstanden werden. In diesem Sinn vermögen Künstlerische Therapien und Kreativpädagogik die Grundsteine für ein kreatives, ressourcenorientiertes Leben zu legen. Bereits in der Kindheit angelegte neuronale Verschaltungen lassen sich in späteren Lebensphasen leichter aktivieren als wenn die neuronalen Schaltkreise im Erwachsenenalter neu gebildet werden müssten – sofern dies nach Abschluss der plastischen Sinnesphasen überhaupt noch möglich ist.

Der in der Säuglingsforschung tätige amerikanische Entwicklungspsychologe Daniel Stern beschrieb plastische Sinnesphasen mit funktioneller und struktureller Veränderungsbereitschaft des Gehirns, in denen neuronale Assoziationskanäle für neue Reize durchlässig sind, so dass Kinder gut lernen (Stern 2003). Da die Phasen zwar in bestimmten kindlichen Entwicklungsabschnitten, aber innerhalb dieser zu einer unterschiedlichen Zeit auftreten können, ist es wichtig, während der gesamten Kindheit Reize anzubieten, die das Kind nutzen kann, sofern es sich in einer plastischen, aufnahmebereiten Phase befindet. Je breiter das Reizangebot ist, umso wahrscheinlicher wird es, dass für jedes Kind die passenden Reize vorhanden sind.

Auch der amerikanische Neurologe Harold Klawans betont die Wichtigkeit dieser Phasen, die er als Lernfenster bezeichnet. Alle Nervenbahnen, so Klawans, seien von Geburt an vorhanden und warteten nur darauf, benutzt zu werden. Während das jugendliche Gehirn reife, verkümmerten nicht benutzte Bahnen. Ist das Gehirn also einer wenig förderlichen Umwelt ausgesetzt, verschwinden Nervenbahnen, so dass auf ihnen künftig keine Übertragung mehr stattfinden kann. Je mehr Reize dem Gehirn dagegen – besonders in den plastischen Sinnesphasen – angeboten werden, umso wahrscheinlicher ist es, dass Nervenbahnen bestätigt werden und erhalten bleiben (Klawans 2005).

4.4 Die Anfänge der Kreativpädagogik

Im Handbuch für Sozialerziehung von 1963/64 wird deutlich, dass die Pädagogen schon damals nicht nur die Eingliederung und Anpassung der jungen, ihnen anvertrauten Menschen im Sinn hatten, sondern ebenso deren Selbstverwirklichung. Dort heißt es wörtlich: »Wer dauernd von außen gelenkt wird und nicht zu seiner eigenen Verantwortung kommt, dem wird der Weg zu sich selbst verbaut, zur Persönlichkeit, weil ihm überall Entscheidung und Verantwortung abgenommen werden ... Im freien Werken werden die vielschichtigen Anlagen angesprochen und können in dem Maße der Veranlagung mit Geduld und Hingabe selbst verwirklicht werden.« (Bornemann 1963/64)

Der kreative, spielerische Grundgedanke wurde also bereits damals formuliert, auch wenn die resultierende Einpassung der künstlerischen

Komponente in den Schulunterricht genau die Beschneidung und Normierung zur Folge hatte, die man den Kindern ersparen wollte.

Auch im Kinder- und Jugendhilfegesetz werden die Förderung der Entwicklung von Kindern und Jugendlichen, der Schutz ihres Wohlergehens, die Unterstützung von Eltern und Erziehungsberechtigten und die Verbesserung der Lebensbedingungen als Ziele genannt. Um die dafür notwendige frühzeitige und lebensweltorientierte Hilfe zu gewährleisten und Ressourcen zu stärken, sind individuelle Angebote erforderlich. Dabei ist die Förderung kreativer Ressourcen eine gesamtgesellschaftliche Aufgabe: »Wir sind an den Gedanken gewöhnt, dass Kreativität beim Individuum beginnt und endet, und vergessen deshalb leicht, dass sie durch Veränderungen außerhalb des Individuums gefördert werden kann.« (Csíkszentmihályi 1997)

Seit Mitte des 20. Jahrhunderts bemühten Kunstpädagogen sich darum, das innere Erleben des Kindes in den Fokus der Kunsterziehung zu rücken. Es sollte nicht länger um reine Nachahmung oder formale und handwerkliche Aspekte gehen, sondern den Kindern sollte die Dokumentation ihres inneren Erlebens ermöglicht werden. Dafür brauchen Kinder Zeit, Raum und Aufmerksamkeit und müssen die Chance erhalten, Gedanken, Gefühle und Phantasien zu gestalten und seelisch und körperlich zum Ausdruck kommen zu lassen.

Der in Frankreich lebende und arbeitende Psychiater und Psychoanalytiker Daniel Widlöcher versteht den ästhetischen Ausdruck des Kindes als narrative Form, mittels derer es auf kommunikative Weise Kontakt zu seiner Umwelt aufnimmt. Durch die den kindlichen Bedürfnissen entsprechende Beantwortung von Umweltreizen, beispielsweise durch spielerisches Malen und Gestalten, werde das Kind in die Lage versetzt, seine Psyche auszudifferenzieren und zu stabilisieren (Widlöcher 1993).

Arno Stern, der in Deutschland geborene und nach Frankreich emigrierte Pädagoge, arbeitete nach dem Krieg in einem Waisenheim in einem Pariser Vorort. Sein Auftrag war es, die Kinder zu beschäftigen, und er ließ sie malen. Später richtete er unter dem Namen *Académie du Jeudi* in Paris ein Atelier ein, in dem Kinder in einem geschützten Raum ihr Innerstes ausleben konnten. Beschrieb Stern das Malen der Kinder zu Beginn als Kinderkunst, distanzierte er sich im Lauf der Zeit von diesem Begriff und entwickelte stattdessen den der »Formulation«, der für ihn eine Rückkehr zum Ursprünglichen beinhaltete (Stern 1998).

Stern geht davon aus, dass jeder Mensch – unabhängig von Alter, Herkunft und Prägung – das Bedürfnis, die natürliche Anlage und die Fähigkeit hat sich auszudrücken. Dabei stehen für ihn der Prozess des Malens und die Entwicklung des Malenden im Vordergrund. Indem der Ausübende seine Äußerung mit keiner Erwartung verbinde, so Stern, erfahre er Unabhängigkeit. Die kreative, ausdrucksorientierte Arbeit mit Kindern hat für ihn prägenden und präventiven Charakter. In seiner Vorstellung ermöglicht eine spielerische Beschäftigung mit dem menschlichen Ausdruck in einem geschützten Raum das Auffinden der von ihm als Spur bezeichneten menschlichen Eigenart eines jeden Individuums (Stern 1996 und 2005).

Die Schweizer Philosophin und Kunsttherapeutin Bettina Egger, eine Schülerin Sterns, entwickelte aus dem von Stern praktizierten Ausdrucksmalen das so genannte lösungsorientierte Malen (LOM). Der Mensch, so Egger, sei ein Ausdruckswesen, das sich, in Analogie zu Paul Watzlawicks Kommunikationsaxiom, nicht *nicht* ausdrücken könne. Bewegungen, Töne, Bilder und Worte sind Träger menschlichen Ausdrucks und im lösungsorientierten Malen erhält der Mensch die Möglichkeit, sich auf die Ebene der Metaphern zu begeben, auf der das Gehirn die Fähigkeit besitzt, Bilder zu entwickeln, die für komplexe Sachverhalte oft besser geeignet sind als die Sprache, da Lösungen oft nicht im Denken, sondern in einer Erweiterung der Wahrnehmung liegen (Egger 2003).

Der deutsche Philosoph, Künstler und Pädagoge Hugo Kükelhaus ging davon aus, dass Wahrnehmung zugleich auch Einsicht bedeutet und entwickelte ein ganzheitliches Konzept der Sinnenschulung. In seiner Vorstellung soll ästhetische Erziehung dazu verhelfen, den Wagnissen des Sehens, Gehens, Hörens und Lebens gerecht zu werden. In diesem Verständnis wird die Entwicklung des Menschen von der Umwelt optimal gefördert, wenn eine Mannigfaltigkeit wohldosierter Reize vorhanden ist, beziehungsweise bereitgestellt wird. Die Vielgestaltigkeit der Umwelt ist für Kükelhaus Lebensbedingung (Kükelhaus 1982).

Dem Gründer des Bauhauses, Walter Gropius, ging es um eine Synthese der Künste unter dem Dach der Architektur, um die Verbindung von Handwerk und Kunst und die Herstellung einer neuen Einheit von

Kunst und Industrie: »Von dem richtigen Gleichgewicht der Arbeit aller schöpferischen Organe hängt die Leistung des Menschen ab. Es genügt nicht, das eine oder das andere zu schulen, sondern alles zugleich bedarf der gründlichen Bildung. Daraus ergibt sich Art und Umfang der Bauhauslehre. Sie umfaßt die handwerklichen und wissenschaftlichen Gebiete des bildnerischen Schaffens ...«

Den Bauhauslehrern stand eine zu erneuernde Lebenspraxis vor Augen, die den ganzen Menschen mit seinen sinnlichen Ausdrucksformen beanspruchen sollte: Lernen durch Erfahrung anhand von Sinnesschulung, Materie- und Materialübungen. Die Bauhauslehre war auf Farbe, Form, Klang, Bewegung und Struktur ausgerichtet. Es erfolgte, wie aus den Schriften Johannes Ittens, Paul Klees und Wassily Kandinskys hervorgeht, eine Reduzierung auf Elementares. Kandinsky arbeitete, wenn man es genau nimmt, schon früh auf intermedialer Ebene, bemühte er sich doch um die Umsetzung von Klang in Gestalt und versuchte ein Kunstwerk zu schaffen, in dem klingende Farbakkorde, Farbklang und Farbsprache integriert sein sollten. Aspekte der Transformation, Synthese und Transzendenz sollten deutlich machen, dass künstlerische Formen wie Malerei, Musik und Bewegung nicht für sich wahrgenommen werden können, sondern nur hinsichtlich ihrer Übertragbarkeit von einem Medium ins andere. Leben und Kunstwerk sollten durch eine sich selbst aufbauende Synthese aller Lebensmomente zu einem alles umfassenden Gesamtwerk des Lebens verschmelzen (Hampe 2003).

4.5 Das spielerische Element

Nach dem, was wir wissen, ist es – gerade in der heutigen Gesellschaft, in der der Leistungs- und Funktionsgedanke schon in die Kindergärten getragen wird – unerlässlich, dem Menschen wieder alternative Erfahrungsräume zur Verfügung zu stellen, in denen er sich spielend erlebt. Er braucht Räume, in denen rezeptive und produktive Erfahrungen sanktions- und bewertungsfrei, losgelöst von Normen und Regeln, gemacht werden können, um einen freien, selbstbestimmten und spielerischen Umgang mit Alltagsanforderungen zu erlernen. In diesen Räumen kann Kreativität als schöpferische Teilhabe an identitätsstiftenden Gestaltungsvorgängen verstanden werden, als das Bemühen um ein ausgewogenes Verhältnis zwischen Regression und Progression. Nur durch Wiederherstellung von Spiel- und Erlebnisfähigkeit können soziale, interaktive und kommunikative Kompetenzen erworben werden, die mit darüber entscheiden, ob ein Mensch phantasievoll an die Welt herangeht oder destruktiv.

Das spielerische Element im künstlerischen Gestalten kann als ursprüngliche und individuelle Form gelten, sich ein eigenes Bild von sich und der Welt zu machen. Kunst fragt nicht nach Sinn und Zweck – es sei denn, sie würde für den Kunstmarkt produziert – und kann somit als zweckfreie Äußerung eines Menschen verstanden werden. Spiel bietet sowohl auf sensomotorisch-affektiver als auch auf symbolischer Ebene die Möglichkeit der Welt- und Selbsterfahrung und steht damit für etwas, das als sinnvoll erlebt wird, ohne dass es eine unmittelbare Funktion erfüllt. Spiel ist freies, nicht aufgetragenes, nicht determiniertes Handeln, das mit einer in sich geschlossenen Form eine eigene Existenzweise darstellt, die nur möglich ist, wenn die Ebene der instrumentellen, gewohnheitsmäßigen Beziehung zur Wirklichkeit verlassen wird. Spiel also verstanden als etwas Überlogisches, das die Vernunft des Menschen einschließt und zugleich über sie hinausgeht und damit als Symbol des Menschlichen schlechthin fungiert (Heimes 2008).

4.6 Lebenstaugliche Lebenskunst

Um Kindern und Jugendlichen eine kreative Lebensbewältigung zu ermöglichen und ihnen die dafür nötigen Impulse zu geben, reicht es nicht, sich in der Ausbildung auf so genannte Grundlagenfächer zu beschränken und alles Künstlerische und Kreative – sowie andere Aktivitäten außerhalb des Lehrplans – als Luxus anzusehen, der gestrichen wird, sobald die Mittel knapp werden. Auch reicht es nicht, Wissen mit einem Trichter in Kinder hineinzufüllen, wie es der Nürnberger Dichter Georg Philipp Harsdörffer in seinem Buch von 1647 vorschlug (Sinapius 2008b). Denn obwohl das Eingießen oder Eintrichtern auch heute noch eine beliebte didaktische Methode ist, kann und darf sie nicht als Methode der Wahl missverstanden werden, sofern man Kinder zu eigenständigen, lebensbejahenden und verantwortlichen Menschen heranwachsen lassen möchte.

Zum Erlernen einer lebenstauglichen Lebenskunst bedarf es, wie das Wort andeutet, der Kunst, wobei der Begriff als weit gespannter Rahmen zu verstehen ist, der sowohl Begegnungen mit dem eigenen Selbst als auch mit anderen Menschen ermöglicht und Spiel, Neugier und Experimentierfreude als erwünscht betrachtet. Kreativität braucht einen Resonanzraum, in dem Ideen schwingen und sich entwickeln können. Damit individuelle Kreativität nicht ins Leere läuft und sich erschöpft, bedarf es äußerer Impulse und der Möglichkeit, kreative Ideen in eine dialogische Form zu bringen. Um individuelle Kreativität angemessen zu fördern, bedarf es einer proaktiven Haltung, die künstlerische Produkte gleichwertig nebeneinander stehen lässt, neue Ideen vorbehaltlos aufnimmt und Handlungen wohlwollend unterstützt. Nicht umsonst gilt spätestens seit den Erkenntnissen des Schweizer Kinderpsychologen und Pädagogen Jean Piaget, dass es kein Denken, Erkennen und Verstehen ohne aktive Aneignung gibt (Piaget 1975).

Wird Lernen als Handlung verstanden, die ein Mensch aktiv vollzieht oder an der er aktiv beteiligt ist, bedeutet dies, dass er in multiplen, sozialen Kontexten und unter zahlreichen Perspektiven am besten lernen kann, wofür er ein Umfeld braucht, in dem kognitive, praktische und kreative Fähigkeiten sowie andere psychosoziale Ressourcen mobilisiert werden können. Mit einem Satz: Er braucht Spiel-, Projekt- und Begegnungsräume.

II Kunst, Therapie und Künstlerische Therapien

1 Das poetische Leben

Lange bevor sich der Begriff der Kunsttherapie etablierte, setzten sich bildende Künstler wie Francisco de Goya und Edvard Munch – um nur zwei von zahlreichen Repräsentanten zu nennen – mit inneren Bildern und ihrem Bezug zu äußeren Bildern und der Wirklichkeit auseinander. Auch deutsche Philosophen wie Friedrich Schlegel und Friedrich Freiherr von Hardenberg – bekannt als Novalis – beschäftigten sich bereits in der Romantik mit dem Verhältnis zwischen Kunst und Leben und vertraten die Meinung, dass jede Lebenstätigkeit mit poetischer Bedeutsamkeit aufgeladen sei und eine eigentümliche Schönheit und Gestaltungskraft offenbare, die einen ebenso eigenen Stil habe wie jedes explizite Kunstwerk. Kunst galt ihnen nicht als Produkt, sondern als Ereignis, das immer und überall stattfinden könne, wo Menschen Tätigkeiten mit gestalterischer Energie und vitalem Schwung verrichten.

Schlegel plädierte dafür, das Leben mit Poesie zu durchdringen. Der Geist der Poesie solle alles mit allem verbinden, Grenzen und Spezialisierungen überwinden und die Trennung zwischen der Logik des alltäglichen Lebens und des Arbeitens beseitigen (Safranski 2007). Im 116. Fragment der von Schlegel herausgegebenen Zeitschrift *Athenäum* formulierte er die von ihm geforderte Durchdringung des Lebens mit Poesie in der progressiven Universalpoesie: »Die romantische Poesie ist eine progressive Universalpoesie. Ihre Bestimmung ist nicht bloß, alle getrennten Gattungen der Poesie wieder zu vereinigen, und die Poesie mit der Philosophie und Rhetorik in Berührung zu setzen. Sie will und soll auch Poesie und Prosa, Genialität und Kritik, Kunstpoesie und Naturpoesie bald mischen, bald verschmelzen, die Poesie lebendig und gesellig und das Leben und die Gesellschaft poetisch machen, den Witz poetisieren und die Formen der Kunst mit gediegnem Bildungsstoff jeder Art anfüllen und sättigen und durch die Schwingungen des Humors beseelen. Sie umfasst alles, was nur poetisch ist, vom größten wieder mehrere Systeme in sich enthaltenden Systeme der Kunst, bis zu dem Seufzer, dem Kuss, den das dichtende Kind aushaucht in kunstlosem Gesang.«

1.1 Kunst und Therapie

Eine definitive und explizite Annäherung zwischen Kunst und Therapie fand in der zweiten Hälfte des 20. Jahrhunderts statt. In den 30er Jahren erhielt das bildnerische Gestalten – unter anderem durch Veröffentlichungen des deutschen Psychiaters und Kunsthistorikers Hans Prinzhorn und des Schweizer Psychiaters und Psychotherapeuten Walter Morgenthaler – im Bereich der Psychiatrie zunehmend Beachtung. Die Ausstellung psychiatrischer Kunst durch Prinzhorn in der berühmten gleichnamigen Sammlung war ein wichtiger Schritt, Kunst und Therapie in den öffentlichen Diskurs zu bringen und die Bedingungen in den Psychiatrien zu hinterfragen.

Auch die 1981 erfolgte Gründung des Hauses der Künstler als Zentrum für Kunst- und Psychotherapie auf dem Gelände des Gugginger Krankenhauses bei Wien durch den österreichischen Psychiater Leo Navratil war ein wichtiger Beitrag zum Verständnis des künstlerischen Ausdrucks in psychischen Krisen. Navratil glaubte, anhand der kreativen Gestaltung eines Patienten den Krankheitsverlauf von der akuten Dekompensation bis zur Phase der Restitution ablesen zu können. 1965 gründete er gemeinsam mit dem österreichischen Kunstmäzen Alfred Bader und dem deutschen Psychiater Ottokar Graf Wittgenstein die Deutschsprachige Gesellschaft für Kunst und Psychopathologie des Ausdrucks (DGPA). Die Mitglieder der DGPA vertraten die Ansicht, dass der Zugang zum Oeuvre eines Künstlers über Parallelen zwischen Werk und psychischer Verfassung gesucht werden und die stilistische Entwicklung des Werkes in Bezug zur psychischen Struktur gesetzt werden müsse.

Natürlich kann eine Differenz zwischen bildnerischem Betätigungsdrang und künstlerischer Kompetenz bestehen und nicht jeder künstlerische Ausdruck ist als Kunst zu verstehen, wie auch die Künstlerischen Therapien nicht den Anspruch erheben, Kunst zu produzieren. Dies schließt jedoch nicht aus, dass aus einem kunsttherapeutischen Prozess heraus Kunstwerke entstehen können, die etwas über die Verfasstheit ihres Schöpfers aussagen. Dennoch dürfen die Bestrebungen, Kunstwerke psychisch leidender Menschen der Öffentlichkeit zugänglich zu machen, nicht damit verwechselt werden, sie als Kunst präsentieren zu wollen. Kunstwerke, gleich welchen Ursprungs, müssen für sich bestehen. Auch Selbstzeugnisse renommierter Künstler, die von ihren heilsamen Erfahrungen während des Schaffens berichten, dürfen nicht mit einer primären Therapiebedürftigkeit der Künstler gleichgesetzt werden. Sowohl in der Kunst als auch in den Künstlerischen Therapien gilt: Was Kunst an heilsamen Wirkungen zu entfalten vermag, muss getrennt vom Werk betrachtet werden.

Die Auseinandersetzungen zwischen Kunst und Therapie ebneten aber nicht nur den Weg für die Kunsttherapie, sondern hatten zugleich nachhaltige Wirkung auf die bildenden Künste. Es kam zur Art brut und Outsider Art. Der Begriff der Art brut geht auf den französischen Künstler Jean Dubuffet zurück, der 1947 in Paris die Compagnie de l'Art brut gründete und damit die Grenzen des exklusiven Kunstbetriebs für die Außenseiterkunst öffnete, nicht ohne zu betonen, dass es ihm um die Wirkung der Kunst und nicht um die Etablierung einer Kunst von Geisteskranken gehe. Seine Idee, dass Kinder, Wilde, Geisteskranke und Genies sich in einem originalen, zivilisatorisch unverstellten und unbeeinflussten Gefühlsdrang unmittelbar-kreativ auszudrücken vermögen, wurde aber nicht nur von Dubuffet propagiert, sondern ebenso von Künstlern des Surrealismus wie Max Ernst, Paul Klee, André Breton und Alfred Kubin (Menzen 2001).

1.2 Man malt, was man ist

Parallel zu dem genannten Transport der Künste in die Psychiatrie ist es den Entwicklungen in den Künsten selbst zu verdanken, dass sich die Künstlerischen Therapien zu dem entwickelten, was sie heute sind.

Der deutsche Aktionskünstler und Pädagoge Joseph Beuys beispielsweise erklärte sein Leben zum Kunstwerk und sprach von der Kunst als einer existenziellen Notwendigkeit, bei der biographische Lebensstationen zu Ausstellungsobjekten würden. Für ihn waren Kunst und Leben gleichbedeutend; er vertrat die Meinung, dass prinzipiell jeder Mensch in der Lage sei, sich authentisch, expressiv und originell auszudrücken und dadurch eine Verbesserung seiner Lebenssituation zu bewirken. Kunst fungiert in diesem Sinne als Möglichkeit, erstarrte Bedeutungen erfahrbar zu machen, zu verflüssigen und neu zu gestalten.

Auch der amerikanische Maler Jackson Pollock, der mittels des von ihm praktizierten action painting das Augenmerk auf formalästhetische Aspekte lenkte, verstand die Malerei als eine ganz eigene Art, Zeichen zu setzen. In Kunstwerken sah er das Unbewusste ebenso zum Ausdruck kommen wie Vorbewusstes und Bewusstes. Was sich auf der Leinwand ereigne, sei nicht Bild, sondern Handlung: »Malen ist Entdeckung des eigenen Ich. Jeder gute Maler malt, was er ist.« (Pollock im Gespräch mit Rodman, 1956)

Eine ähnliche Idee entwickelte der deutsche Maler Willi Baumeister, der die Malfläche als Schrifttafel verstand, auf der sich Zeichen und Formen bilden, die eine aufklingende innere Bewegung in eine bildnerische Spur verwandeln. Was im Diktat innerer Bewegung aufgezeichnet werde, so Baumeister, trete aus dem Unbekannten hervor und werde durch bildnerische Konkretisierung zum Bekannten im menschlichen Sehraum (Baumeister 1947).

2 Die Wurzeln der Kunsttherapie

Sowohl in England als auch in den Vereinigten Staaten liegen die Wurzeln der Kunsttherapie in der Kunsterziehung, der künstlerischen Praxis und der Entwicklungspsychologie. Kunsttherapie und Kunsterziehung, respektive Kunstpädagogik, wurden in Großbritannien erst in den 70er Jahren des 20. Jahrhunderts getrennt betrachtet. In England geht der Begriff der art therapy auf den Maler Adrian Hill zurück, der in einem Sanatorium, in dem er selbst Patient war, seine Mitpatienten zu künstlerischen Tätigkeiten anregte. Etwa zur gleichen Zeit entwickelten in den Vereinigten Staaten die amerikanische Pädagogin und

Therapeutin Margaret Naumburg und die österreichische Künstlerin und Handwerkslehrerin Edith Kramer kunsttherapeutische Ansätze.

Im deutschsprachigen Raum stehen kunsttherapeutische Ansätze in engem Zusammenhang mit der Entwicklung der anthroposophischen Medizin. 1921 eröffnete die niederländische Ärztin Ita Wegman, die zusammen mit Rudolph Steiner die anthroposophische Medizin begründete, in Arlesheim in der Schweiz eine anthroposophische Klinik, in der sie ab 1927, in Kooperation mit der deutschen Ärztin Margarethe Hauschka und der englischen Malerin Liane Collot d'Herbois, die Künstlerischen Therapien in die klinische Behandlung integrierte.

2.1 Der Begriff der Kunsttherapie

Der Begriff der Kunsttherapie sorgt seit seinem Bestehen für Verwirrung und Polarisierung. Zu sehr vermische sich in ihm der Begriff der Kunst mit dem der Therapie, erklingen die Stimmen der Kritiker; der Begriff wecke Hoffnung und generiere positive Assoziationen, lautet die Meinung der Befürworter, zudem könne der kränkende Aspekt der Hilfs- oder Therapiebedürftigkeit durch das positiv konnotierte Wort der Kunst gemildert werden. Zwar gibt es auch Bedenken, dass auf diese Weise die magische Wirkung der Kunst in den Dienst der Therapie gestellt, die Kunst zum Luxusartikel diffamiert werde und nicht einzulösende Heilserwartungen wecken könne (Schuster 1986); aber obwohl diese Einwände berechtigt sein mögen und die Kunsttherapie wie jede andere Therapie nicht alle an sie gerichteten Heilserwartungen einlösen kann, sind es oft gerade diese positiven Konnotationen, die den Patienten überhaupt in eine Therapie führen.

Christine Mechler-Schönach, Professorin für Kunsttherapie, zählt allein siebenundvierzig unterschiedliche Bezeichnungen für kunsttherapeutisches Schaffen und versteht diese als einen Ausdruck unterschiedlich gestalteter kunsttherapeutischer Begegnungen, die auf den Reichtum individueller kunsttherapeutischer Alltagssituationen verweisen (Mechler-Schönach 2005). Die synonyme Verwendung der Begriffe Kunsttherapie und Künstlerische Therapien ist Ausdruck herrschender Praxis, in der auch der Begriff der Gestaltung nicht auf plastische, dreidimensionale Objekte beschränkt ist, sondern oft für jeden

Akt der Gestaltung verwendet wird, vielleicht weil letztlich in allen Künstlerischen Therapien Gestaltung erfolgt und diese als natürliche, menschliche Ressource verstanden, aufgegriffen, aktiviert und genutzt wird.

Da seit Bestehen der Kunsttherapie immer mehr künstlerische Bereiche wie Musik, Tanz, Literatur und Bühnendarstellungen Eingang in das künstlerisch-therapeutische Schaffensrepertoire erhalten haben, ist der Oberbegriff der Künstlerischen Therapien möglicherweise besser geeignet, alle Bereiche zu umfassen, als jener der Kunsttherapie, da sich dieser oftmals auf die Ursprünge der Kunsttherapie und damit vorwiegend auf die bildenden Künste bezieht.

2.2 Kunsttherapeutische Ansätze

Die Vielfalt künstlerischer und therapeutischer Ansätze, sowohl bezogen auf die therapeutische Ausrichtung als auch auf die unmittelbare Anwendung, ist zuweilen schwer zu überblicken. Kunsttherapeutische Methoden können, wie in tiefenpsychologischen Ansätzen, die künstlerische Gestaltung zum Anlass nehmen, über seelische Konflikte zu sprechen. Sie können aber auch, wie in prozessorientierten Ansätzen, den Verlauf des künstlerischen Schaffens in den Vordergrund rücken oder, wie in rezeptiven Ansätzen, die Wirkung der Kunst als Ausgangspunkt nehmen, um nur einige Beispiele zu nennen.

Als Grundlagen kunsttherapeutischer Ausrichtungen dienen Ansätze aus Tiefenpsychologie, Psychoanalyse, Pädagogik, Heilpädagogik, Anthroposophie, Philosophie, Sozialwissenschaft, Systemtheorie, Kunstwissenschaft und Kunstpraxis. Die Mehrzahl der in den Künstlerischen Therapien Tätigen bedient sich verschiedener Ansätze und wendet eklektisch die ihnen im Individualfall am sinnvollsten erscheinende Methode und Technik an, abhängig auch von der eigenen Berufsausbildung, die die individuelle therapeutische Haltung und Vorgehensweise beeinflusst, auszeichnet und prägt.

2.2.1 Anthroposophie und Pädagogik

Im anthroposophischen Verständnis bieten die kreativen Fähigkeiten eines Menschen seiner Seele zahlreiche Möglichkeiten zum Ausdruck zu kommen. Kreatives und künstlerisches Schaffen wird als geistig-seelisches Vermögen verstanden, das sich ursprünglich aus leibgebundenen Kräften und Fähigkeiten zu tendenziell leibfreier Gestaltungsfähigkeit entwickelt, wobei in der Gestaltung sowohl leibliche als auch geistige Bedürfnisse und Erlebnisse zur Realisation kommen.

Anthroposophisch ausgerichtete Kunsttherapeuten gehen davon aus, dass in den Künstlerischen Therapien Seele, Geist und Körper gleichermaßen angesprochen und einbezogen werden, dass sowohl Form als auch Chaos zugelassen und gestaltet werden können und dem inneren Chaos in der Gestaltung eine äußere Form gegeben werden kann und umgekehrt.

Heil- und kunstpädagogische Ansätze führen das bildnerische Element in den Künstlerischen Therapien auf das kindliche Spiel zurück und sehen darin eine wesentliche Bedingung für die kindliche Entwicklung. Die kreative Beschäftigung des Kindes mit Objekten seiner Umwelt wird als wichtige Voraussetzung für eine gesunde Entwicklung verstanden. Kunsträume gelten als Spiel- und Freiräume, in denen Welt und Selbst erfahren werden können. Gestaltete Objekte haben die Funktion der Repräsentanz inneren Erlebens und fungieren zugleich als Übergangsobjekte. Grundlagen kunstpädagogischer Arbeit finden sich sowohl in der Entwicklungspsychologie als auch in der ästhetischen Erziehung, in der gilt, dass sich der Mensch – sowohl im künstlerischen Schaffen als auch im Alltag – anhand seines ästhetischen Handelns verwirklicht.

2.2.2 Tiefenpsychologie und Psychoanalyse

Die tiefenpsychologisch und psychoanalytisch orientierten kunsttherapeutischen Ansätze gehen auf den österreichischen Arzt und Psychoanalytiker Sigmund Freud und den Schweizer Arzt und Psychologen Carl Gustav Jung zurück. Sowohl Freud als auch Jung nahmen an, dass sich im Vorgang des Symbolisierens seelische Konflikte ästhetisch-bildnerisch dokumentieren und verhinderte seelische Vorgänge eine Form der Entladung finden und abreagiert werden können.

In der Tiefenpsychologie wie in der Psychoanalyse werden Bilder und Objekte als Visualisierung psychischen Geschehens verstanden. Die Sprache der Symbole dient als Abbild der Sprache des Unbewussten, das sich – ähnlich wie in Träumen – durch das Bild oder Objekt in einer Art und Weise präsentiert, die es dem Patienten ermöglicht, es zu betrachten, zu verstehen und zu integrieren. Bilder und Objekte fungieren als Medium, durch das etwas aus dem Inneren des Schöpfers zum Ausdruck kommt, über das sich Therapeut und Patient verständigen können und das als Grundlage für das therapeutische Gespräch dient.

Erinnerungen, Gedanken und Gefühle, die schwer zu ertragen sind und aus diesem Grund verdrängt werden, können mittels Gestaltung erinnert und bearbeitet werden. Doch erschöpft sich die Funktion der Bilder und Objekte nicht in der Trias Erinnern, Wiederholen, Durcharbeiten, sondern Bilder und Objekte ermöglichen zugleich ein Fortschreiten, da schöpferische Prozesse Veränderungen auslösen, so dass die Arbeit am Kunstwerk zugleich eine reparative Arbeit am Selbst ist.

Neben der Annahme individueller, lebensgeschichtlicher Traumata, die im künstlerischen Prozess transparent gemacht und bearbeitet werden, existiert, besonders im Konzept Jungs, die Idee eines kollektiven Unbewussten, das die Eindrücke aller Erfahrungen der Menschheitsgeschichte, die dem individuellen Ich vorausgehen, beinhaltet und eine nicht zu unterschätzende Wirkung auf das Individuum hat, wenn auch in jeweils individueller Ausprägung, da das kollektive Unbewusste auf ein individuelles Unbewusstes trifft, mit dem es in Wechselwirkung steht. Die Annahme, dass sich das kollektive Unbewusste vor allem in Archetypen äußere, wird in den Künstlerischen Therapien dergestalt aufgegriffen, dass Symbole, die im Verständnis Jungs eine Art primitiver Bildsprache darstellen, als möglicher Zugang zum Unbewussten dienen. Jung sah in der spontanen Ausdrucksgestaltung eine Synthese von Innerem und Äußerem, mit der Funktion, zwischen Bewusstem und Unbewusstem in einer symbolisch sich entwickelnden Äußerung zu vermitteln. Auf diese Weise eröffne sich in den Künsten und Künstlerischen Therapien, so die Meinung Jungs, die Grundmöglichkeiten von Welt- und Selbstbegegnung (Jung 1928).

2.2.3 Kognitionspsychologie und Systemtheorie

Der Psychologe Eckhard Neumann setzt den psychoanalytisch-psychodynamisch orientierten Konzepten kognitive, lernorientierte Modelle entgegen, die er als Erweiterung der psychoanalytisch orientierten Ansätze und als Chance für sie begreift. Für ihn können Kognitionen als Prozesse verstanden werden, durch die innere und äußere Reize umgewandelt, reduziert, elaboriert, gespeichert, wiedererkannt und verwertet werden. Dabei versteht er die Psyche als ein System aufeinander bezogener Schemata, das sowohl kognitive als auch emotionale und situationsbezogene Komponenten enthält. Seine logische Forderung ist ein integratives, kognitionspsychologisches Konzept (Neumann 1998).

Der systemtheoretische Ansatz betont die Interdependenzen, in denen der Mensch steht und die sowohl bei der Erkrankung als auch bei der Heilung eine wichtige Rolle spielen. Spricht Neumann von der Psyche als einem inneren System aufeinander bezogener Schemata, rückt in der Sprache der Systemtheoretiker das äußere System in den Fokus. Innerhalb des äußeren Systems wirken Individuum und Umwelt wechselseitig und koevolutiv aufeinander ein, wodurch eine Änderung in einem Bereich immer zugleich Änderungen in anderen Bereichen nach sich zieht oder erfordert, was zugleich bedeutet, dass Umfeld und Kontext des Patienten in der Therapie immer berücksichtigt werden müssen. Lässt man in der Therapie das äußere System außer Acht, kann man zwar Veränderungen bewirken, so lange der Mensch aus dem System herausgelöst ist, wird aber Schwierigkeiten bekommen, die Veränderungen aufrecht zu halten, wenn man versucht, den Menschen in das alte System zu reintegrieren. Die systemische Betrachtungsweise ist für die Künstlerischen Therapien insofern von Bedeutung, als Therapeut, Patient und gestaltetes Objekt ebenfalls ein Netzwerk bilden, in dem jede Komponente in Wechselwirkung mit den jeweils anderen beiden steht.

2.2.4 Kunstorientierte Konzepte

Kunstorientierte Konzepte entwickelten sich in den 70er Jahren des 20. Jahrhunderts in den Vereinigten Staaten. Dort firmierten sie unter dem Begriff der expressive art therapy, die nicht nur die bildende

Kunst, sondern zugleich Tanz, Schauspiel, Musik und Poesie in die Therapie einbezieht. Im Gegensatz zu Therapieansätzen, in denen der seelische Konflikt, unter dem der Patient leidet, in den Mittelpunkt gerückt wird, hat das kunstorientierte Konzept einen lösungsorientierten Ansatz, der den Fokus nicht auf den Mangel, sondern auf die Ressourcen richtet. Dies impliziert eine Hinwendung zu neuen, ästhetischen Erfahrungen, die Lösungsmöglichkeiten und Perspektiven eröffnen. Im weitesten Sinn begreifen kunstorientierte Ansätze bereits das therapeutische Handeln als künstlerisch.

3 Der Mensch in den Künstlerischen Therapien

3.1 Holistisches Menschenbild

Den Künstlerischen Therapien liegt ein holistisches Menschenbild zugrunde. Somatische, sensorische, affektive, rezeptive, memorative Aspekte finden ebenso Eingang in die Therapie wie aktuelle Ereignisse und Bedingungen, in der Vergangenheit gemachte Erfahrungen und daraus entstandene Prägungen und Verhaltensweisen. In den Künstlerischen Therapien geht man von der Annahme aus, dass jeder Mensch prinzipiell über genügend Ressourcen verfügt, sein Leben zu gestalten und zu bewältigen. Der Mensch, der bis zu diesem Zeitpunkt überlebt hat, muss Strategien entwickelt haben, dieses Überleben zu sichern. Fähigkeiten scheinen also in ausreichendem Maß vorhanden zu sein.

Der Mensch in den Künstlerischen Therapien ist ein kompetenter Mensch, der in seiner Gesamtheit erfasst, verstanden und begleitet sein will. Die gemeinsame Arbeit in den Künstlerischen Therapien ist also im weitesten Sinne darauf ausgerichtet, bereits vorhandene Fähigkeiten zu erkennen, zu aktivieren und zu fördern und zusätzlich benötigte Fähigkeiten aus den bereits vorhandenen zu generieren. Der Mensch in den Künstlerischen Therapien ist also nicht einer, dem etwas – in diesem Fall eine Therapie – geschieht, sondern ein Mensch, der aktiv, selbstbestimmt und eigenverantwortlich an der Therapie teilhat und den therapeutischen, respektive künstlerischen Prozess in interaktiver Weise mit dem Therapeuten gestaltet.

Es treffen also nicht ein Experte und ein Laie aufeinander, sondern zwei Experten suchen einen individuellen Weg zum Wohl des Patienten. Der Patient, der der Experte für den eigenen Leib und die eigene Psyche ist, wird im Verlauf der Therapie zum Experten in Hinblick auf den für ihn passenden kunsttherapeutischen und alltäglichen Weg, den er zusammen mit einem anderen Experten, dem Therapeuten, auf neue und kreative Weise gestaltet und geht. Der Therapeut ist also nicht wie der Arzt in der Schulmedizin der Bergführer, der den Weg kennt und dem Patienten zeigt, sondern ein Weggefährte des Patienten, mit dem zusammen er nach gangbaren Lebenswegen sucht.

3.2 Herausforderungen für den Kunsttherapeuten

Kunsttherapeutisch Tätige müssen nicht nur über allgemeine therapeutische Qualifikationen und Grundkenntnisse verfügen, sondern zudem über künstlerische und gestaltende Fähigkeiten. Denn nur, wer selbst schöpferisch und phantasievoll ist, kann auch andere zu schöpferisch gestaltender Tätigkeit anhalten und dabei begleiten. Die produktive Einbildungskraft des Therapeuten ist genauso wichtig wie die des Patienten und kann – gerade zu Beginn einer Therapie – im Sinne eines Katalysators wirken, der den Prozess überhaupt erst in Gang setzt.

Das Besondere am kunsttherapeutischen Beruf ist also eine konstruktive Verbindung von künstlerischen und therapeutischen Kompetenzen, die in ihrem Bezug zueinander zu spezifischen kunsttherapeutischen Kompetenzen werden. Der Kunsttherapeut, der als ästhetisch Geschulter und therapeutischer Experte handelt, muss in der Lage sein, Analogien zwischen künstlerischen und therapeutischen Prozessen herzustellen und eine mehrdimensionale Perspektive auf die Krankheitssituation und die Bewältigungsmöglichkeiten einzunehmen, um zusammen mit dem Patienten Lösungsstrategien zu entwickeln.

Die Aufgabe des Kunsttherapeuten besteht unter anderem darin, dem Patienten die Konzentration auf sein inneres Erleben und den inneren Dialog mit dem Werk zu erleichtern. Dafür eröffnet er dem Patienten einen Raum mit Werkstattatmosphäre, der Einladung und Aufforderung zugleich beinhaltet. Dabei sollte dieser Raum über Merkmale und Eigenschaften verfügen, die sowohl Schutz bieten, als auch den

Aktionsradius des Patienten nicht einengen. Therapeut und Patient erfinden und gestalten eine ganz eigene Therapie, in der sich der Therapeut um ein einfühlendes Verstehen in das Wesen und Werk des Patienten bemüht, sich gemeinsam mit ihm der individuellen Symbolik nähert und von einschränkenden Interpretationen Abstand nimmt.

Der Kunsttherapeut ist in besonderer Weise in die Therapie involviert, so dass er mit seiner professionellen Arbeit zugleich als Persönlichkeit verbunden ist. Die individuelle Beziehung zwischen Therapeut und Patient und der auf dieser Basis stattfindende Prozess sind entscheidende Heilungsfaktoren. Dabei hat jeder therapeutisch tätige Mensch seine eigene Lebensgeschichte, die in Wechselwirkung mit der Lebensgeschichte des Patienten tritt, was bedeutet, dass der Therapeut auf die Emotionen des Patienten – die wahrscheinlich nur zu einem geringen Anteil dem Therapeuten als Mensch gelten und zu einem viel größeren Anteil biographisch bedingt sind – ebenfalls mit seiner eigenen Geschichte reagiert. Diese Wechselwirkungen, die man auch als Übertragung und Gegenübertragung bezeichnen könnte, sind nicht zu vermeiden – was auch nicht unbedingt wünschenswert ist – sollten aber berücksichtigt werden, in der Form, dass jeder Therapeut bereit ist, das Eigene möglichst gründlich zu erforschen und sich immer wieder selbst in Frage zu stellen. Kunsttherapeuten müssen, wie jeder gute Therapeut, in der Lage und willens sein, ihren eigenen Horizont im Kontakt mit dem Patienten zu erweitern und eigene Haltungen und Vorstellungen zu überdenken und nötigenfalls zu korrigieren. Dabei bedarf die künstlerisch-therapeutische Arbeit in ganz besonderer Weise der Offenheit, Flexibilität und Bereitschaft, sich auf Prozesse einzulassen.

4 Wirkungen Künstlerischer Therapien

Keine noch so detaillierte Aufzählung wird die Wirkungen der Künstlerischen Therapien zur Genüge benennen können, da sowohl Kunst als auch Therapie einen ganz individuellen Einfluss auf den Menschen haben und damit zu zahlreichen unterschiedlichen Wirkungen führen. Zudem entzieht sich vieles, was in den Künstlerischen Therapien stattfindet, der eindeutigen Benennung, weil es auf Atmosphärischem beruht, sich im Zwischenmenschlichen ereignet und im Werkprozess erfahren wird, aber nicht unmittelbar zur Sprache gebracht werden kann. Dennoch kristallisieren sich immer wieder Hinweise bezüglich allgemeiner Wirkfaktoren heraus, die im Folgenden Erwähnung finden sollen, ohne den Anspruch auf Vollständigkeit oder Durchdringung der Materie zu haben. Vielmehr haben die genannten Wirkungen den Charakter einer Annäherung an das innerseelische Geschehen eines Menschen im Prozess Künstlerischer Therapien und dienen als Hinweise, die durch eigene Erfahrungen und Reflexionen ergänzt werden müssen.

4.1 Grundsätzliche Überlegungen

Kunst vermag in einzigartiger Weise und Intensität – sowohl auf produktiver als auch rezeptiver Ebene – den Menschen zu beeindrucken und zu bewegen, also im weitesten Sinne E*motio*nen hervorzurufen. In Kunst wie Therapie wird der Mensch innerlich und äußerlich in Bewegung gebracht und macht Erfahrungen, die auf mehreren Ebenen Reize ans Gehirn liefern und zur Entstehung neuer oder zur Bestätigung bereits vorhandener neuronaler Verbindungen beitragen. Prinzipiell birgt jeder künstlerische Akt das Potenzial, Emotionen hervorzurufen, wodurch er – im Sinne der aristotelischen Katharsis – zur Entlastung von möglicherweise schwierigen Gefühlen beitragen kann.

Aber nicht nur das Ausagieren von Emotionen hat eine potenziell heilsame Wirkung, sondern zugleich das Anerkennen der vorhandenen Gefühle. Schwierige Gefühle müssen nicht länger verdrängt oder eliminiert werden, sondern können dargestellt, betrachtet und bearbeitet werden. Die Medien, die dabei zum Ausdruck genutzt werden, können als etwas Drittes und Fremdes Schutz und Distanz bieten, so dass unerträgliches Erleben gestalt- und aushaltbar wird.

Im Mittelpunkt der Künstlerischen Therapien steht der Mensch mit seinen Möglichkeiten zur Entfaltung seines kreativen Potenzials. Dabei bieten die Künstlerischen Therapien die Möglichkeit der realen Ausgestaltung innerer Wahrnehmung in Anbindung an die Sinne, so dass es – nicht zuletzt über die ästhetische Dimension – zu einer Steigerung des Sinnesbewusstseins kommt. Erkenntnis und Wandlung können unmittelbar erlebt werden und zu einem einzigartigen Selbstausdruck führen. Durch das vielfältige Angebot vermögen die Künstlerischen Therapien auf einmalige Weise die unterschiedlichen Stile eines Menschen aufzugreifen, seine Individualität zu unterstützen und seinen Eigen-Sinn zu erkennen, zu wahren und zu fördern.

Allerdings dienen die Künstlerischen Therapien nicht nur der Heilung, sondern zugleich der Aufrechterhaltung von Gesundheit, weil sie ressourcenorientiert sind und – indem sie den Blick auf die individuellen (Gestaltungs-)Möglichkeiten richten – Gesundheit als erlernbare, aktive Fähigkeit eines sich entwickelnden Menschen verstehen, die zu jedem Zeitpunkt angestrebt und zumindest partiell (wieder-)erlangt werden kann. Die Chancen, die in den Künstlerischen Therapien eröffnete Erlebnisräume bieten, stellen eine Nähe zu erlebniszentrierten Methoden dar und die dort erfolgende Handlungsaktivierung und (Wieder-)Herstellung von Handlungsfähigkeit verweist auf das aktivierende Potenzial der Künstlerischen Therapien.

Bedenkt man die multiperspektivischen Aspekte der Künstlerischen Therapien, wird der holistische Ansatz transparent und offensichtlich. Künstlerische Therapien sind ressourcenorientiert, klientenzentriert, erlebnisoffen, gestaltend, dialogisch und lösungsbestrebt. Lösungsbestrebt und nicht lösungsorientiert deswegen, weil sie nicht primär die Lösung im Blick haben, sondern die Lösung – ebenso wie das fertige Produkt – immer nur im Hintergrund gedacht wird, da Gestaltung und Prozess selbst bereits Teil der Lösung sein können.

4.1.1 Die ästhetische Dimension

Der Begriff der Ästhetik leitet sich vom griechischen *aisthesis* ab, das mit ›sinnlicher Wahrnehmung‹ übersetzt werden kann. In diesem Verständnis ist ästhetisch, was die Sinne anregt und Empfindungen hervorruft. Demnach wird derjenige, der sich für die Welt öffnet und von Wahrgenommenem beeindrucken und bewegen lässt, wahrhaft ästhetische Erlebnisse haben. Um Erfahrungen zu machen, die das persönliche ästhetische Empfinden wachrufen und entwickeln, bedarf es der differenzierten Wahrnehmung und der Bereitschaft, sich auf Geschehnisse einzulassen. Indem man sich für die Umwelt öffnet, tritt das vorhandene Äußere mit dem inneren Erleben in Interaktion und das ästhetische Empfinden bekommt eine subjektive Tönung, die etwas über den Wahrnehmenden aussagt und durch Reflexion zum Erkenntnisgewinn beitragen kann.

Sowohl in der Wahrnehmung ästhetischer Objekte und Phänomene als auch im eigenen Gestalten und Handeln kommt es zu ästhetischen Erfahrungen, die sich nicht ausschließlich auf künstlerische Prozesse und Erlebnisse beziehen, sondern einen Modus bezeichnen, mittels welchem der Mensch die Welt und sich erfährt. Ästhetische Erfahrungen spielen besonders dann eine Rolle, wenn Unerwartetes eintritt und ästhetische Reize Anlass zur Korrektur bestehender Wirklichkeitsannahmen liefern.

In jedem Menschen wirkt ein ästhetisches Empfinden, das nichts mit ästhetischen Strömungen zu tun hat, sondern individuell geprägt ist, so dass Lernen über einen ästhetischen Erlebnishorizont das Auffinden alternativer Wahrnehmungs- und Handlungsformen ermöglicht, die dazu beitragen, Prägungen zu überwinden und fixierte Affektmuster zu lösen und zu verwandeln. In diesem Sinn kommt der Ästhetik in der Gestaltung und Handlung eine Vehikelfunktion zu, da im Rahmen des Ästhetischen eine Ebene entsteht, auf der eine spielerische Neuausrichtung möglich ist.

Die ästhetische Dimension darf im Kontext der Künstlerischen Therapien allerdings nicht im Sinne einer Ästhetik des Schönen verstanden werden, sondern als eine besondere Art und Weise, die Welt zu erfahren, mit ihr in Wechselwirkung zu treten und gestaltend auf die Welt und das eigene Sein Einfluss zu nehmen. Ästhetik manifestiert sich als aktive Handlung und Haltung, die an die menschlichen Sinne gebunden ist. Stephen Levine, kanadischer Professor für Sozialwissenschaft und Politik, spricht von einer rauen Schönheit, vergleichbar einer Landschaft, deren Ästhetik in ihren zahlreichen Facetten liegt, in einer steilen, schroffen Felswand, einer grünen Blumenwiese oder einem geknickten Baum, der über einen Fluss ragt und sowohl lebendige als auch destruktive Kräfte erkennen lässt (Levine 2002).

In den Künstlerischen Therapien geht es also nicht um eine Ästhetik, die einem bestimmten Schönheitsideal verpflichtet oder auf Harmonie ausgerichtet ist, sondern um die Möglichkeit der Integration von Schönem wie Hässlichem, um eine Ästhetik, die Widersprüche in Gestalt und Form zu fassen vermag und keine scharf begrenzten Aussagen trifft, sondern Botschaften innerhalb eines Bedeutungsnetzes formuliert.

Der Schweizer Dichter Conrad Ferdinand Meyer definierte die Aufgabe der Ästhetik wie folgt: »Nicht das Poetische realisieren, sondern die Realität poetisieren. Poetisierte Realität schafft eine neue Wirklichkeit.« Eine neue Wirklichkeit, in der sich der Patient seine Lebensbedingungen so einrichtet, dass sie ihm im Rahmen seiner inneren wie äußeren Bedingtheiten und Möglichkeiten lebbar und lebenswert erscheinen, wobei die Ästhetik die Funktion des Unmittelbaren hat, das im kreativen Ausdruck als eine besondere Qualität des Daseins erlebt werden kann.

4.1.2 Der Formaspekt

Der Aspekt der Form spielt in den Künstlerischen Therapien eine große Rolle und zieht sich durch alle kunsttherapeutischen Bereiche. Was Form in einer dreidimensionalen Gestaltung oder auf dem Papier bezeichnet, ist augenscheinlich, aber auch in den anderen künstlerischen Bereichen sind Formen vorhanden und haben Einfluss auf den Menschen und den therapeutischen, respektive den alltäglichen Prozess. In der Literatur meint Form beispielsweise Reim, Rhythmus und Stil, von denen spezifische Gefühle hervorgerufen werden, die sich auf den Umgang mit Krankheit und Therapie auswirken. In der Musik finden sich Formelemente in Melodie, Harmonie, Tonart und Komposition.

Dadurch, dass die Form einen Einfluss auf den Menschen hat, nimmt die Form immer auch Einfluss auf die Inhalte – sei es kognitiver oder emotionaler Natur. Form und Inhalt lassen sich nicht trennen, so dass künstlerische Arbeit an der Form immer zugleich Arbeit am Inhalt bedeutet. Psychisch Ungestaltetes kann in der Gestaltung eine sicht- und objektivierbare Form erhalten, die – losgelöst vom Träger – auf diesen zurückwirkt und weiterer Gestaltung zugänglich wird. Innerlich scheinbar Unstrukturiertes oder bedrohlich Fragmentiertes kann in eine äußere Form gebracht werden, die eine Rückwirkung auf den Gestalter hat und zur Formung und Strukturierung seines Inneren beitragen kann.

4.1.3 Der Raumaspekt

In den Künstlerischen Therapien wird ein offener Raum angeboten, in dem das Seelische einen Ausdruck finden kann, was je nach Therapieform bedeutet, es findet sein Lied, seine Gestalt, seine Sprache oder seine Bewegung. Der offene Raum in den Künstlerischen Therapien ist allerdings kein völlig offener Raum, in dem der Mensch Gefahr läuft, sich zu verlieren, sondern ein offener und zugleich gestalteter Raum mit einer Halt gebenden Struktur und einer Hilfestellung leistenden Person. Es ist ein äußerer wie innerer Raum, der zum Experimentieren und Spielen einlädt und in dem sich Kreativität entwickelt. Objekte und Materialien der äußeren Welt finden Verwendung, um die innere Welt abzubilden und verstehbar zu machen. Beziehungen werden gestaltet und Individualisierung wird ebenso wie Sozialisierung berücksichtigt und ermöglicht. In den Künstlerischen Therapien wird der Erfahrungsraum zum individuellen Erkenntnisraum, zum symbolischen Explorationsraum, in dem Probehandeln möglich ist. Er wird zum Begegnungsraum für Menschen, die sich persönlich wie künstlerisch in Beziehung setzen und bei jedem Aufeinandertreffen Neues gestalten.

4.1.4 Paradoxien

Damit Neues entstehen kann, muss Altes losgelassen, möglicherweise zerstört werden. Der natürliche Prozess von Werden und Vergehen bestimmt das Leben und kann in den Künstlerischen Therapien, die einen fortwährenden Prozess der Konstruktion und Destruktion darstellen, beobachtet, erspürt und verstanden werden. Der in den Künstlerischen Therapien stattfindende Prozess der Kreation kann helfen, Vertrauen in die allgegenwärtigen kreativen Kräfte und ihre Eigendynamik zu gewinnen und Destruktion auszuhalten.

So wie Destruktion und Konstruktion zusammengehören, sind auch Chaos und Struktur nur scheinbar Gegensätze, die sich in Wahrheit jedoch bedingen und beeinflussen. Die Welt ist chaotisch und hochkomplex, zugleich gibt es ordnende Kräfte, die das Chaos in Regelkreise zwingen und Strukturen aufbauen, so wie auch der Mensch nach Strukturen sucht, die helfen, das Chaos in Grenzen zu halten und Sinn zu konstruieren, da die ungeheure Komplexität der Lebenswelt in ihrer Totalität nicht erfasst werden kann, sondern selektiert und reduziert werden muss.

Obwohl eine Reduktion komplexer Vorgänge und Gegebenheiten dienlich ist, um Unsicherheit und Angst zu begrenzen, kann eine solche Reduktion zugleich zu erstarrten Mustern führen, die den Blick für Einmaliges verstellen und Kreativität hemmen, indem sie Neues verunmöglichen und zu sinnentleerten Strukturen führen: »Sofern die sinnliche Vielfalt und Komplexität auch erlebnismäßig auf Kategorien reduziert wird, sollte es uns nicht wundern, wenn die Welt sinn-loser erscheint.« (Kriz 2002)

Es geht also um eine Balance zwischen Chaos und Struktur, zwischen Kontrollverlust und der damit verbundenen Angst und einer Überstrukturiertheit, die zur Erstarrung führt. In den Künstlerischen Therapien existiert ein Raum, der es erlaubt, diesen Strukturen nachzuspüren, sie zu verflüssigen und in neue Strukturen zu überführen. Oft wird durch Gestaltung deutlich, dass auch im Chaos strukturierende Elemente vorhanden sind und Chaos eine notwendige Voraussetzung darstellt, um etwas Neues entstehen zu lassen. Chaos als gewissermaßen notwendige Verwirrung, als ein Zustand, in dem alte Muster und Gewohnheiten – auch auf neuronaler Ebene – verlernt werden, damit neue Wege beschritten werden können (Baer 2007). Dabei kann der künstlerische Prozess das Vertrauen stärken, dass Neues entsteht, ohne dass der Gestaltende in jedem Augenblick die volle Kontrolle über das Werdende haben muss. Indem er nicht planerisch und strukturiert vorgeht, kann etwas entstehen, das ebenso vollkommen ist wie der Gestaltende es in seiner Planung möglicherweise angelegt hätte und das auf diese Weise ein bedrohliches Chaos in Strukturen überführt.

4.1.5 Aktivität in der Passivität

Die moderne, insbesondere die apparative Medizin geschieht dem Menschen; in ihr gerät er in eine passive Rolle, wird oft sogar in kränkender Weise zum austauschbaren Objekt degradiert. Seine persönliche Situation, seine existenziellen Bedingungen und seine ihn prägende Lebensgeschichte bekommen häufig wenig Beachtung und Bedeutung.

Da die meisten, insbesondere chronische und psychische Krankheiten mit Aktivitätsverlust, vermindertem Antrieb und Interesselosigkeit einhergehen, wird die gefühlte Passivität in der klassischen Schulmedizin in der Regel noch verstärkt. Zuweilen haben die Patienten nicht einmal eine Idee, warum verschiedene Untersuchungen mit ihnen gemacht und bestimmte Therapien verordnet werden. Dabei ist die Tatsache, dass Gesprächszeit in unserem Gesundheitswesen schlecht bezahlt wird, nur eine Komponente; oft besteht zudem auf professioneller Seite ein ungenügender Kenntnisstand über verschiedene Aktivierungsmöglichkeiten oder die Sorge um eine Aufweichung der klassischen Patienten- und Therapeutenbeziehung, in der der Therapeut Nähe und Distanz reguliert.

In den Künstlerischen Therapien erhält der Patient die Möglichkeit, aus der Passivität seiner Objektfunktion herauszutreten und aktiv, selbstbestimmt und eigenverantwortlich am therapeutischen Prozess teilzunehmen. Bildhafte Vergegenwärtigungen lassen sich symbolisch explorieren und bewältigen; verdeckte Anteile, Situationen und Reaktionen werden auf symbolischem Weg steuerbar und vermitteln ein Gefühl von Handlungskompetenz. Gestaltung und Handlung werden zum Sinnbild für die Möglichkeit, Einfluss auf das eigene Leben zu nehmen und Veränderungen und möglicherweise Heilung zu erfahren.

Durch ein Wechselspiel zwischen Ausdruck und Selbstwahrnehmung wird das Erleben eigener Einflussmöglichkeiten zugänglich; der Gestaltende kann das Gestaltete kontinuierlich überprüfen, variieren und verändern, bis er das Gefühl hat, dass das Geschaffene eine für ihn stimmige Form erhält. In der Wandlung der Bilder und Objekte wird der prozesshafte Charakter, der jeder Veränderung zugrunde liegt, transparent und beeinflussbar. Veränderungen und Entwicklungen treten durch die zeitliche und emotionale Distanz, mit der ein Objekt betrachtet werden kann, oft klarer zutage als im Entstehungsprozess selbst. Das Produkt materialisiert Gedanken und stellt Verbindungen zu Vergangenheit und Zukunft her, verkörpert einen die Zeit übergreifenden Zusammenhang, der als einheitlicher Prozess erlebt und zum Symbol für gefühlte und erlebte Erkenntnis werden kann.

4.2 Visualisierung, Symbolisierung und Spiegelfunktion

Wenn es darum geht, Unbewusstes oder Vorbewusstes zu erfassen, gerät die Sprache des Alltags oft an ihre Grenzen. An dieser Grenze können Künstlerische Therapien helfen, Inhalte, die nicht ins sprachlich zu fassende Bewusstsein gelangen, durch gestalterische Mittel zum Ausdruck zu bringen und zu verstehen. So wie sich Unbewusstes und Vorbewusstes oft in Träumen manifestiert, kann dieses auch in Objekten oder Handlungen zutage treten. Die in den Künstlerischen Therapien entstehenden Objekte, inklusive musikalischer und poetischer Klang- und Sprachbilder und Ausdrucksformen in Tanz und dramatischer Darstellung, bilden innere Kommunikationsprozesse ab, die durch Gestaltung und Handlung begreif- und steuerbar werden.

Künstlerische Therapien können helfen, Klarheit über Lebensmotive und Ziele zu erhalten und dem Leben einen schöpferischen Sinn zu verleihen. Als Abbild innerer und äußerer Lebensverhältnisse bieten Kunstwerk und künstlerische Handlung die Möglichkeit der Darstellung von Gegebenheiten auf konzentriertem Raum und in komprimierter Form. Eine Förderung gestalterischer Arbeit kann mittels Symbolisierung zur Vergegenständlichung innerer Selbst- und Objektbilder verhelfen (Subkowski 2000).

Durch das gestaltete Objekt entsteht ein Gegenüber, das es dem Menschen ermöglicht, sich etwas über sich selbst mitzuteilen, ohne dabei die sinnliche Erfahrungswelt zu verlassen. Abgespaltenes, das zuvor unbewusst war, kann betrachtet, akzeptiert und integriert werden, wobei der Mensch das Geschaffene als Teil seines Selbst begreifen kann. Über das ästhetische Objekt, das als Ausdruck des Selbst verstanden werden kann, ist es dem ästhetischen Subjekt möglich, mit sich in Kommunikation zu treten, wobei das ästhetische Objekt als Spiegelbild des ästhetischen Subjekts fungiert. Die Vielfalt der Materialien, die zahlreichen Gestaltungsmöglichkeiten und die weitgehend selbstbestimmbaren Räume in den Künstlerischen Therapien laden zur individuellen Symbolbildung ein, in der verschiedene Facetten des Gestaltenden zum Ausdruck kommen.

4.3 Selbstkonzept und Ich-Stärkung

Künstlerische Therapien sind durch ihre gestaltende und darstellende Komponente auf einzigartige Weise in der Lage, ein neues Selbstkonzept zu ermöglichen oder dazu beizutragen, ein vorhandenes Selbstkonzept umzugestalten und neu zu erleben. Da Künstlerische Therapien mit einer eigenen Grammatik und Sprache des Erlebens und Erfahrens arbeiten, eröffnen sie die Möglichkeit, kompositorisch, gestaltungs- und handlungsdynamisch zu einem eigenen Ausdruck und einer individuellen Form von Sinnlichkeit zu kommen.

Indem der Mensch das Material formt, formt und entwickelt er zugleich sich selbst. Der deutsche Bildhauer Peter Knapp beschrieb den Prozess wie folgt:»Wenn der Dialog mit dem Stein beendet ist, dann ist in dem Stein etwas von Peter Knapp und in Peter Knapp etwas von dem Stein.« Ebenso bildet und entwickelt sich im darstellenden Bereich durch Handlung und Wahrnehmung zunehmend ein eigenes Köperbild und Selbst.

Im Verlauf des Schaffens- und Handlungsprozesses entsteht also sowohl ein abstraktes, symbolisches als auch konkretes Selbstbild, das einem ständigen Wandel unterliegt und an Kontur gewinnt, so dass es zu einem differenzierten Selbstbild beiträgt. In der gestalterischen und darstellenden Arbeit, die unter Integration und Einsatz des Körpers erfolgt, kann sich resonanzbildhaft etwas Eigenes konstituieren, wobei die in verschiedenen Bereichen und Qualitäten gemachten Erfahrungen über das rein verbale und kognitive Erleben und Erkennen hinausgehen.

4.4 Kommunikation

Handlungen und Äußerungen beeinflussen Menschen, verändern Situationen und Wahrnehmungen und führen zu Reaktionen, welche wiederum die Bedingungen verändern und fortlaufend neue, sich stetig wandelnde Reaktionen generieren. Auf diese Weise befindet sich der Mensch in einem ständigen Kommunikations- und Interaktionsgefüge. Auch die Bemühungen in den Künstlerischen Therapien können als fortwährender Versuch verstanden werden, Konversationsmöglichkeiten zu schaffen, Interaktionen zu begünstigen und Menschen innerhalb des poetischen und allgemeinen Konversationsflusses in adäquater Weise zum Ausdruck kommen zu lassen. Dabei stehen Impression und Expression in einem wechselseitigen Verhältnis. Impressionen verändern die Wahrnehmung und Expressionen das Wahrgenommene, was wiederum Rückwirkungen auf die Impression hat, was nichts anderes bedeutet, als dass die Eindrücke, die der Mensch sammelt, sich immer auch in seinem Ausdruck niederschlagen, und alles, was auf den Menschen einwirkt, zugleich einen Einfluss auf seinen Ausdruck hat.

Auch die Künstlerischen Therapien leben dergestalt von Impression und Expression, dass der künstlerische Ausdruck des Patienten zu einem Eindruck beim Therapeuten führt, welchen er expressiv beantwortet: Es kommt zu einem erweiterten Dialog. Zugleich hat der expressive Ausdruck des Patienten Rückwirkungen auf den Patienten selbst, was zu weiteren Wechselwirkungen innerhalb des Systems führt. Diese mehrfach dialogische Beziehung, die Antworten beider Dialogpartner beinhaltet, kann helfen, impressive und expressive Aspekte zu synthetisieren, wodurch ein Gefühl von Ganzheit entsteht.

Ferner ist in der Kommunikation zu berücksichtigen, dass existenzielle Krisen oft mit einem Sprachverlust einhergehen. Die Unmöglichkeit, die eigene Not zu verbalisieren, verstanden zu werden und Unterstützung zu erhalten, verschärft die Krise meist noch. Dadurch kann es – zusätzlich zur Erschütterung der Selbstdefinition – zur sozialen Isolation kommen, da der spezifisch menschliche Kontakt, ebenso wie die meisten Therapien, sprachgebunden ist. Dies impliziert, dass Menschen, denen die Sprache in selbstverständlicher Weise zur Verfügung steht, von sprachgebundenen Therapien mehr profitieren als jene, denen die Sprache nicht in gleicher Weise zur Verfügung steht. Künstlerische Therapien hingegen ermöglichen eine Kommunikation abseits der konventionellen Sprache, eröffnen neue Beziehungs- und Begegnungsräume und befähigen zur Wiederaneignung von Gefühlen und Erfahrungen, die durch die Krise verloren geglaubt waren. Über künstlerische Gestaltung und Handlung erfährt der Mensch, dass er trotz Krise im Kontakt mit seinen Mitmenschen und der Umwelt steht und erlebnisfähig ist.

4.5 Wahrnehmung, Erkenntnis und Anpassung

Anders als rein sprachgebundene Therapien öffnen die Künstlerischen Therapien alle sinnlichen Wahrnehmungsbereiche: Über eine Auseinandersetzung mit alltäglichen Gegebenheiten, Gegenständen und Personen werden verschiedene Wahrnehmungsqualitäten erfahrbar gemacht, wobei der therapeutische Prozess die Erfahrungsverarbeitung unterstützt und dazu anregt, sinnvolle Handlungen zu generieren, zumal Künstlerische Therapien unter anderem das Ziel haben, dem Menschen zu einer genaueren Wahrnehmung und neuen Achtsamkeit zu verhelfen, damit er die Zusammenhänge von Gesten, Verhalten und Situationen besser erkennen kann und lernt, ihnen einen Sinn zuzuschreiben.

Die Künstlerischen Therapien bieten die Möglichkeit, sich in veränderten Situationen zu orientieren und neue Perspektiven und Lösungsstrategien zu entwickeln. Auch im Rahmen körperlicher Krankheiten können sie bei der Krankheitsverarbeitung auf emotionaler, kognitiver und handlungsbezogener Ebene helfen, eine Neuorientierung unter veränderten Vorzeichen in die Wege zu leiten, neue Erfahrungen und Erkenntnisse zu sammeln, die bei der Adaptation, Assimilation und Umstrukturierung helfen. Dadurch wird der Organismus optimal an die Umwelterfordernisse angepasst, zumal etwas Neues erlebbar zu machen in der Kunst – durch den Charakter des Probehandelns – mit weniger Gefahr verbunden ist als im Alltag.

Bedrohliche Lebenssituationen können durch gestalterischen Ausdruck umgewandelt werden. Die Verarbeitung schwieriger Gefühle kann – zunächst auf gestalterischer Ebene und später im Alltag – zu einer seelischen Neugestaltung führen, die unabdingbar ist, weil der Mensch – sowohl in Hinblick auf intrinsische als auch extrinsische Faktoren – lebenslang dazu aufgefordert ist, Anpassungsleistungen zu erbringen (Specht 2004).

Dass der Mensch lebenslang zur Anpassung in der Lage ist, beweisen die Erkenntnisse der Neurowissenschaften, die besagen, dass das Gehirn bis ins hohe Alter plastisch bleibt und neue Netzwerke zwischen Nervenzellen bilden kann, wodurch der Mensch lernfähig bleibt. Um neue Netzwerke zu bilden, benötigt das Gehirn allerdings moderate Reize; moderat deswegen, weil das Gehirn nur auf Situationen reagiert, die ihm ansatzweise vertraut vorkommen; Situationen hingegen, die ihm völlig fremd sind, werden unterdrückt, da sie keinen Abgleich finden. Ein Objekt, Kunstwerk oder Buch spricht den Menschen dann an, wenn er darin etwas findet, das er mit sich und seinem Leben in Zusammenhang bringen kann; findet er nur Bekanntes, wird er sich bald abwenden, weil ihm nichts Neues vermittelt wird; ist hingegen alles fremd, wendet er sich ebenfalls ab, weil ihm das Erfahrene unerklärlich scheint und er es nicht einordnen kann.

Die Kunst in den Künstlerischen Therapien besteht also unter anderem darin, dem Patienten etwas anzubieten, das so weit im Vertrauten liegt, dass sein Gehirn die Möglichkeit des Abgleichs hat, und das zugleich so viel Unbekanntes enthält, dass sein Gehirn Neues erkennen und erlernen kann.

III Künstlerische Therapien

1 Kunsttherapeutische Bereiche

Es gibt zahlreiche Ansätze, künstlerische Bereiche therapeutisch zu nutzen; in der jüngsten Vergangenheit haben sich unterschiedliche Zweige entwickelt und im Gesundheitswesen etabliert. Ebenso zahlreich wie die kunsttherapeutischen Bereiche sind die Berufsausbildungen, die von privaten und staatlichen Institutionen angeboten werden.

1.1 Berufsbezeichnungen

Bisher hat sich kein gemeinsamer Kanon gefunden, auch sind viele Berufsbezeichnungen nicht geschützt, so dass sich beispielsweise jemand, der einen Wochenendworkshop belegt hat, ebenso als Poesietherapeut bezeichnen darf, wie jemand mit einer zweijährigen berufsbegleitenden Ausbildung. Zuweilen wird der Begriff der Künstlerischen Therapien so weit gefasst, dass er alle therapeutischen Maßnahmen umschließt, die sich künstlerischer Mittel bedienen, zuweilen wird er so eng verwendet, dass er sich nur auf die Gestaltungstherapie bezieht.

Auch gibt es zahlreiche Unterschiede in den einzelnen Ländern. Während in den Vereinigten Staaten Tanz- und Poesietherapie ganz selbstverständlich zu den Künstlerischen Therapien gerechnet werden, sind diese in Deutschland nur in wenigen Kliniken etabliert. Im Folgenden wird versucht, die Therapielandschaft auf breiter Basis darzustellen, wobei die Intermediale Kunsttherapie, die in den Vereinigten Staaten eine größere Verbreitung hat als in Deutschland, als eigener Bereich gewertet wird.

Selbstverständlich hat die folgende Darstellung nur den Charakter einer ersten Annäherung und Übersicht. Jeder der genannten Bereiche hat so viele Aspekte, dass man darüber leicht mehrere Bücher schreiben könnte, weswegen unbedingt eine intensive Auseinandersetzung mit eigenen Schwerpunktbereichen erfolgen sollte (vgl. zu weiterführender Literatur das Literaturverzeichnis).

1.2 Rezeptive und produktive Künstlerische Therapien

Künstlerische Therapie kann sowohl produktiv wie rezeptiv erfolgen. Die rezeptive Künstlerische Therapie wird dabei nicht mehr wie früher als passiv bezeichnet, weil bei der Rezeption eines Kunstwerkes eine ebenso aktive Gestaltung des eigenen Werkes wie in der Produktion stattfindet, wobei sich die Gestaltung des Objektes in der Rezeption aus dem objektiv Sichtbaren und der subjektiven Sicht-, Denk- und Empfindungsweise des Betrachters ergibt.

Rezipiertes wie Produziertes lösen Affekte aus, die Prozesse in Gang setzen und zu inneren wie äußeren Bewegungen und Auseinandersetzungen führen. Dabei sind Rezeption und Produktion unmittelbar miteinander verbunden. Wer Kunst produzieren möchte, setzt sich in der Regel mit Kunst auseinander; wer schreiben möchte, wird lesen. Auch in der Gestaltung eines Objektes wechseln sich rezeptive und produktive Phasen ab; das Gestaltete wird betrachtet und Betrachtung und Reflexion beeinflussen den weiteren Gestaltungsprozess. Ebenso verändern sich Beziehungen und Situationen durch Handlungen und Reaktionen, welche wiederum im Sinne der Impression und Expression zu veränderten Bedingungen führen, die ihrerseits Einfluss auf die Beziehung und Situation haben.

Rezeption und Produktion sind also wie Impression und Expression nur scheinbar getrennte Vorgänge, die einander in Wahrheit bedingen, auch wenn sie unterschiedliche Wirkrichtungen haben, in dem Sinn, dass die Rezeption vorwiegend von Außen nach Innen, also impressiv, wirkt, während die Produktion vor allem von Innen nach Außen und damit expressiv wirkt.

2 Intermediale Kunsttherapie

2.1 Der Begriff Intermedia

Der Begriff Intermedia wurde bereits 1812 von dem englischen Dichter Samuel Taylor Coleridge verwendet, der darunter Werke abseits bekannter, traditioneller Vorstellungen verstand. Durch den englischen Komponisten und Dichter Dick Higgins, der auch als Fluxus-Künstler bekannt wurde, erhielt der Begriff Mitte der 60er Jahre des 20. Jahrhunderts die Bedeutung einer künstlerischen Auseinandersetzung zwischen elektronischen Medien, Kunst und Pop-Kultur. Higgins verwendete den Begriff, um seine künstlerischen Aktivitäten zu beschreiben, in denen es ihm vor allem darum ging, Grenzen anerkannter Medien zu überschreiten und bestehende Kunstformen mittels Medien, die zuvor nicht als künstlerisch galten, zu verschmelzen.

Higgins war ein begeisterter Befürworter und früher Nutzer von Computern als Werkzeug für die Kunst. Sein Bestreben war es, die Spaltung zwischen Kunst und Leben durch neue, synästhetische Formen aufzuheben, weil er in den Monomedien die Gefahr der gesellschaftlichen und ästhetischen Entfremdung sah und sich durch deren Überwindung eine Rückkehr zu einer holistischen Seinsweise erhoffte, verbunden mit ganzheitlichen mentalen und sinnlichen Erfahrungen, mittels derer sich konventionalisierte Wahrnehmungs- und Verhaltensmuster verändern lassen.

Für eine Synthese, wie Higgins sie beschrieb, scheinen die Künste besonders gut geeignet zu sein, da sie mit ihren Darstellungen und Deutungen an die ganzheitliche Natur des menschlichen Lebens, die Verbindung von Leib und Seele und die Grundgegebenheiten von Gesundheit, Krankheit, Geburt und Tod erinnern (von Engelhardt 2005).

2.2 Die ursprüngliche Einheit

Die meisten Dinge haben ihrem Wesen nach eine Einheit, die irgendwann zerschlagen wurde oder verloren ging. Die Einheit von Zeichen und Bild im Wort beispielsweise, wie sie in den chinesischen Schriftzeichen noch zu erkennen ist, wurde erst durch den logischen Formalismus zerstört. Zuvor bildeten Zeichen und Bild eine Einheit. Erst durch Aufspaltung dieser Einheit wurde das Wort der Sprache und das Bild der Kunst zugeordnet. Schon der Schriftsteller und Philosoph Ezra Pound beklagte diese Zerschlagung und strebte in der dialektischen und poetischen Synthese des image eine Ausheilung dieser Spaltung an (Hesse 1978).

Im 15. Jahrhundert formulierte der italienische Schriftsteller und Architekt Leon Battista Alberti in seinem Buch De pictura den Gedanken, dass Bilder wie eine Sprache aufgebaut seien, die man lernen müsse, um Bilder zu verstehen. Alberti argumentierte, dass Bilder aus Elementen bestehen, die durch eine eigene Grammatik miteinander verbunden sind und als solche wie eine Sprache funktionieren (Alberti 1972).

Folgt man der Idee Albertis, dass Bilder wie eine Sprache funktionieren und als solche strukturiert sind und vergleicht man Bild- mit Textsystemen, bewegt man sich bereits im Bereich der Intermedialität. Deswegen erscheint es nur logisch, dass die Intermediale Kunsttherapie nicht nur darum bemüht ist, Neues zu schaffen, sondern zugleich das Bestreben hat, die ursprüngliche Einheit, die auf vielen Ebenen bestand und zunehmend verloren ging, wiederherzustellen.

2.3 Die Wurzeln der Intermedialen Kunsttherapie

Bereits im antiken griechischen Sanatorium, dem Asklepieion, spielten die Künstlerischen Therapien und deren interdisziplinäre Verschränkung eine große Rolle. Die Heilung der Kranken erfolgte durch die Heil-Kunst, bei welcher sich der Arzt verschiedener Künste bediente, um den Menschen sowohl zu heilen als auch eine Lebens-Kunst zu vermitteln, die ihm Selbsthilfe sein sollte. Im Mittelpunkt der im Asklepieion angewendeten Künstlerischen Therapien stand das Theater, in dem Wort, Musik, Bild und Tanz miteinander verbunden sind. Auch eine künstlerisch gestaltete Umgebung im Asklepieion – eine besondere Architektur, aufgestellte Kunstobjekte wie beispielsweise Skulpturen – sollte zur Gesundung der dort behandelten Menschen beitragen (Becker-Glauch 2003).

Die eigentlichen Wurzeln der Intermedialen Kunsttherapie finden sich dann in den Vereinigten Staaten, wo 1974 an der Lesley Universität der Versuch unternommen wurde, alle expressiven Kunsttherapieformen (expressive arts therapy) in einem Studiengang zu integrieren. Paolo Knill, Mitbegründer und Lehrkraft am Institut für Kunst und Entwicklung, das später unter dem Namen Arts Institute firmierte, verfolgte eine Methode, die er als intermodal expressive therapy bezeichnete und deren Grundidee es war, dass ein Ausdruck (expression) zunächst in einer Methode sichtbar werden müsse, um sich dann in einer anderen zu artikulieren (transfer), wodurch der Ausdruck sich verstärke (amplification) und auf diese Weise zu neuen Einsichten und Erkenntnissen (crystallization) führe.

In den 80er Jahren des 20. Jahrhunderts bemühte Knill sich um die Etablierung des am Lesley College aufgebauten Programms in Deutschland und der Schweiz, während andere Mitarbeiter des Instituts die Methode zur gleichen Zeit nach Israel (Speiser und Naor), Skandinavien (Speiser) und Holland (Brederode) transportierten (McNiff 2002).

2.4 Grundlagen der Intermedialen Kunsttherapie

Zentraler Bestandteil der Intermedialen Kunsttherapie ist ein weit gefächertes Angebot künstlerischer Methoden, durch deren Verknüpfung Breite und Tiefe entsteht, so dass alle menschlichen Sinne geöffnet und aktiviert werden. In der Zusammenführung verschiedener Methoden sehen Vertreter der Intermedialen Kunsttherapie die einzigartige Möglichkeit, habitualisierte Wahrnehmungen zu durchbrechen, Horizonte zu verschieben und Perspektiven zu verändern.

Das Konzept der Intermedialen Kunsttherapie wird durch zahlreiche Erkenntnisse und Theorien aus der Neurowissenschaft gestützt. Bereits 1977 betonten Singer und Engel, dass das Bewusstsein als integrativer Prozess zu betrachten ist, durch den komplexe, vielfältige Sinneseindrücke zu kohärenten Wahrnehmungseindrücken zusammengefügt werden. Auch die Erkenntnisse Heisenbergs sprechen für eine Synchronisation visueller, auditiver, somatosensorischer, motorischer und interhemisphärischer Sinneseindrücke. Ein durch den intermedialen Einsatz künstlerischer Mittel und Methoden geförderter komplexes Angebot an Sinneseindrücken entspricht demnach am ehesten der optimalen Organisation des Gehirns, weil durch eine Gleichschaltung verschiedener künstlerischer Methoden und einer daraus resultierenden Stimulation mehrerer Sinnessysteme neue Verschaltungen im Gehirn am ehesten angebahnt werden.

Diese Annahmen finden ihre Bestätigung in der Arbeit mit Menschen, deren Gehirn durch einen Unfall, Schlaganfall oder durch degenerative Prozesse Schaden genommen hat. Obwohl vom Organismus keine neuen Nervenzellen gebildet werden können, ist Lernen auch nach einer Zerstörung von Nervenzellen möglich, indem der Körper ungenutzte Nervenzellen rekrutiert und aktiviert, diese neu in den Nervenzellverband integriert und miteinander verschaltet (Knott 2006).

Eine Gruppe von Neurobiologen am Neurowissenschaftlichen Zentrum in Genf wies nach, dass wiederholte intensive Reize Gedächtnisspuren im Gehirn erzeugen. Da meist weder der Patient noch der Therapeut wissen, welche Gedächtnisspuren aufgrund welcher Reize und Muster angelegt wurden, ist ein weit gefächertes Reizangebot der beste Garant dafür, dass die im individuellen Fall benötigten Sinnesreize, die das jeweilige Sinnesgedächtnis aktivieren, mit dabei sind.

Die Theorie der Gedächtnisspur wird wiederum durch Erkenntnisse aus der Neonatologie und Säuglingslehre gestützt. Aus Forschungen in diesem Bereich weiß man, dass die Entwicklung des schöpferischen Potenzials eines Menschen bereits vor der Geburt beginnt. Ab dem dritten Schwangerschaftsmonat existieren taktile, propriorezeptive, vestibuläre und kinästhetische Wahrnehmungen, so dass der Fötus in der Lage ist, Reize aufzunehmen und seinen Körper danach auszurichten, was für die Ausreifung des zentralen Nervensystems von großer Bedeutung ist, da sich zu dieser Zeit Nervenfasern zwischen Rezeptoren und Hirnstamm bilden. Die in dieser Zeit gemachten Wahrnehmungen tragen zum sensomotorischen und propriorezeptiven Gedächtnis bei, das als Grundlage für die spätere Reifung des Selbst verstanden werden kann. Wahrnehmungen aus der Interaktion mit der Mutter werden gespeichert und tragen zur kontinuierlichen neuronalen Entwicklung und Ausbildung des Selbstempfindens bei und führen damit zu den erwähnten Gedächtnisspuren.

Bei der Geburt ist der Mensch dann mit einem Überangebot möglicher Verbindungen von Nervenzellen ausgestattet, die erst durch Nutzung lebenswirksam werden. Durch funktionelle Bestätigung wird die detaillierte Struktur des Gehirns festgelegt, wobei die Möglichkeiten neuer Verknüpfungen umso reicher sind, je breiter die Matrix ist. Entscheidend für die Reifung eines schöpferischen Selbst sind also frühe Reizangebote, die es ermöglichen, Wahrnehmungsfähigkeiten einzusetzen und zu entwickeln, wobei die Reifung der Wahrnehmungsorgane und die Vernetzung der Wahrnehmungssysteme wichtige Voraussetzungen zur Ausbildung grundlegender schöpferischer Fähigkeiten darstellen (Heimes 2008). Daraus ergibt sich, dass es im Künstlerischen wie im Therapeutischen sinnvoll ist, das Gesamt der ästhetischen Mittel aufzugreifen, um alle Sinne zu aktivieren und zu fördern.

2.4.1 Simultanität und Synästhesie

Die Intermediale Kunsttherapie ist durch ihre interdisziplinäre Verschränkung und intermediale Arbeitsweise so ausgerichtet, dass sie einer zunehmenden Spezialisierung und Separierung entgegenwirkt und durch die in ihrer Methodik angestrebte Gleichzeitigkeit eine neue Einheit anstrebt. Dabei betont das intermediale Konzept die vollständige und gleichzeitige Fusion mehrerer Medien, so dass diese als untrennbar erlebt werden. Es geht also nicht um eine reine Versammlung verschiedener Medien, sondern um deren interdisziplinäre Verklammerung, innerhalb derer einzelne Formen aufgehoben und neue Formen geschaffen werden.

Damit wendet sich der intermediale Ansatz gegen eine ›einkanalige‹ Verstümmelung der künstlerischen Disziplinen und in der Übertragung gegen eine eindimensionale Wahrnehmung von Wirklichkeit und betont dagegen den Reichtum und die Komplexität des Menschen und seines Ausdrucks in dieser Welt, sowohl intermedial im Künstlerischen wie auch interkulturell im Zusammenleben und -arbeiten und interdisziplinär in Forschung und Wissenschaft (Jahn 2006).

Eine weitere Grundlage für den intermedialen Ansatz ist das Phänomen der Synästhesie. Der Psychologe Wolfgang Tunner beschreibt, dass Empfindungen die Neigung haben, sich auf andere Empfindungen auszubreiten und Synästhesien zu bilden, was bedeutet, dass gleichzeitig mit der Wahrnehmung eines Reizes in einer Sinnesmodalität (auditiv) derselbe Reiz in eine andere Sinnesmodalität (visuell) übertragen wird, so dass Töne sich mit Farben verbinden, Geschmacksempfindungen

Melodien erklingen lassen und Gerüche farblich konnotiert sein können, wobei sich das Phänomen der Synästhesie nicht aufs Sehen, Hören, Fühlen, Schmecken und Riechen beschränkt, sondern ebenso im Bereich des Gleichgewichts und der Körpermotorik anzutreffen ist. Und obwohl einige Menschen über besondere synästhetische Fähigkeiten verfügen, stehen diese doch prinzipiell jedem Menschen zur Verfügung und können durch die Intermediale Kunsttherapie gefördert werden (Tunner 1999).

Durch ihren intermedialen, intermodalen und auf den Phänomenen der Simultanität und Synästhesie aufbauenden Ansatz ist die Intermediale Kunsttherapie besonders geeignet, Erinnerungen auf verschiedenen Ebenen wachzurufen. Vor allem frühe, präverbale Erlebnisse sind vorwiegend leiblich gespeichert und bedürfen der leiblichen Aktivierung, um erinnert zu werden. Dass etwas nicht in Worte gefasst werden kann, bedeutet ja nicht zwangsläufig, dass daran keine Erinnerungen bestehen, sondern besagt zunächst nur, dass diese speziellen Erinnerungen dem verbalen Erfassen vorerst nicht zugänglich sind.

Früheste Körperfunktionen, die dem Überleben dienen, werden gefühlt, obwohl das Gehirn noch keine kognitiven Strukturen entwickelt hat, und aus diesen frühen leiblichen Erfahrungen ergeben sich grundlegende Gefühlsstrukturen, auf denen das Fühlen und Denken aufbaut. Sollen aktuelle Gedanken, Gefühle und Verhaltensweisen also verstanden werden, um Veränderung zu ermöglichen, ist es wichtig, diese frühen Erinnerungen durch geeignete Methoden zu aktivieren, wofür sich die Methodenvielfalt und ihre verschränkte, parallele Anwendung, wie sie in der Intermedialen Kunsttherapie praktiziert wird, anbietet (Knill 1992).

2.4.2 Intermodal und intermedial

Der Begriff intermodal bezieht sich auf die verschiedenen Sinnesmodalitäten, die durch die intermediale Methode, das heißt eine Kombination verschiedener Medien, simultan angesprochen werden. Oft werden die Begriffe intermodal und intermedial synonym verwendet, so dass es auch in diesem Bereich zuweilen zu Begriffsverwirrungen kommt. Besonders im englischen Sprachgebrauch wird häufig ausschließlich der Begriff intermodal verwendet, der sowohl die Sinnesmodalitäten als auch die eingesetzten Methoden und Medien meint, welche die Sinne in ihren verschiedenen Modalitäten beeinflussen.

Nimmt man es genau, sprechen die meisten künstlerischen Tätigkeiten ohnehin mehrere Sinnesmodalitäten an und könnten somit im weitesten Sinn als intermodal bezeichnet werden. Der amerikanische Philosoph und Pädagoge John Dewey spricht in seinem Buch von einer gemeinsamen Substanz der Künste und betont, dass der Mensch in einer ganzheitlichen Resonanz mit allen Sinnen auf die ihn umgebende Welt reagiert, indem er beispielsweise sieht und hört, während er gleichzeitig fühlt (Dewey 1980).

In den Künsten gibt es also genau genommen kein isoliertes Nebeneinander, sondern Darstellungsbereiche und Medien verbinden sich, gehen ineinander über und verlangen eine ganzheitliche, intermediale Anwendung und Betrachtung. Auch ist der Mensch per se ein intermodales Wesen, das aus verschiedenen Sinnesinformationen, die alle im Gehirn zusammenfließen, ein kohärentes Bild der Wirklichkeit generiert.

In der Intermedialen Kunsttherapie wird der Tatsache Rechnung getragen, dass Körper und Geist in den meisten Aktivitäten auf vielfältige Weise angesprochen und herausgefordert werden, wobei eine der Sinnesmodalitäten durch die Auswahl eines Mediums in besonderer Weise angesprochen wird. Durch Methodenwechsel und Methodenparallelität lassen sich die Sinneseindrücke verstärken und bewusst verbinden; einzelne Sinnesmodalitäten können gezielt angesprochen, Defizite ausgeglichen werden.

2.5 Anwendung der Intermedialen Kunsttherapie

In der Intermedialen Kunsttherapie geht man davon aus, dass jedes Material und jede Kombination von Materialien verwendet werden kann und jeder Mensch individueller Methoden und Kombinationen bedarf, um auf seine ganz eigene Weise zum Ausdruck zu kommen. Dabei richten sich die Methoden und deren Kombination sowohl nach dem Individuum als auch nach dem zum Ausdruck drängenden Gefühl, der aktuellen Lebenssituation und der Entwicklungsphase, in der sich der jeweilige Mensch befindet. Materialien und Methoden müssen individuell an die Bedürfnisse angepasst werden; eine Methode, die möglicherweise zu einem bestimmten Zeitpunkt der Entwicklung hilfreich ist, kann in einer anderen Phase nichts oder wenig bewirken. Da meist kein ausreichendes Wissen darüber besteht, welches Ausdrucksmedium in welcher Phase für welches Individuum passend ist, muss dies zu jedem Zeitpunkt neu bestimmt werden. Auch hierfür eignet sich die Intermediale Kunsttherapie durch die Breite des Angebotes und die Flexibilität in der Verwendung der Methoden und Mittel.

Häufig ist das künstlerische und kunsttherapeutische Handeln durch Vorgaben und Notwendigkeiten in Klinik und Alltag eingeschränkt, so dass nur einige Aspekte, Medien und Materialien zum Einsatz kommen können. Zeitliche, räumliche, finanzielle und personelle Beschränkungen erlauben es oft nicht, dem Menschen möglichst viele Ausdrucksangebote zu machen, damit er seinem Bedürfnis und seinen Fähigkeiten entsprechend wählen kann. Wollen wir allerdings von Künstlerischer Therapie und mehr noch von Intermedialer Kunsttherapie reden, müssen wir dem Menschen multimodale, ganzheitliche Erfahrungsräume eröffnen, was trotz der genannten Einschränkungen möglich sein kann, sofern man die Übungen an die jeweiligen Gegebenheiten anpasst (vgl. Kapitel V Praxisbezogene Anwendungen).

3 Maltherapie

Es gibt keine einheitliche Definition der Maltherapie. So wie ihr unterschiedliche Konzepte zugrunde liegen, betonen einzelne Maltherapeuten jeweils andere Aspekte, rücken verschiedene Kriterien in den Vordergrund und bedienen sich zahlreicher Methoden und Techniken. Zuweilen firmiert die Maltherapie auch unter dem Begriff der Gestaltungstherapie, da ein Bild ebenso wie ein dreidimensionales Objekt gestaltet sein will. Im Vordergrund der Maltherapie stehen symbolische Bedeutungen der Darstellungen, Wirkungen von Farbe, Form und Gestaltung, der Malprozess und die therapeutische Beziehung. Malübungen und Malmittel richten sich nach den individuellen Bedürfnissen und Möglichkeiten des Therapeuten und Patienten und sind im Prozess variabel.

3.1 Besondere Aspekte der Maltherapie

Jeder, der die Maltherapie in der Praxis erproben und einsetzen möchte, sollte sich zuvor eingehend darüber informieren, welche Malmittel – Farben und ihre Eigenschaften, insbesondere Viskosität und Farbdichte, Beschaffenheit von Pinseln und Malgrund – existieren. Zudem ist über die Einrichtung geeigneter Malplätze nachzudenken, so dass sowohl im Stehen als auch im Sitzen gearbeitet werden kann und jeder der Teilnehmer – sofern in Gruppen gearbeitet wird – ausreichend Raum zur Verfügung hat. Weiterhin sollte ausreichend Platz zur Verwahrung der Bilder vorhanden sein, zudem eine Möglichkeit, diese so zu lagern, dass sie trocknen können und das Papier nicht zerknittert. Außerdem kann man sich überlegen, ob man eine Möglichkeit zur Rahmung von Bildern schafft, was einerseits einen weiteren Sinneskanal öffnen und aktivieren könnte, sofern die Rahmung durch die Patienten erfolgt, und andererseits eine besondere Form der Wertschätzung bedeutet und in spezieller Weise zur Ich-Stärkung beitragen kann.

3.1.1 Farbwirkung

Farben haben Einfluss auf Emotionen und Gedanken, mit ihnen werden Stimmungen assoziiert. Dabei ist die Wirkung von Farben individuell unterschiedlich und abhängig von Kultur, Erziehung, Erfahrung, Gestimmtheit und Situation. Ein weiterer Grund für die unterschiedliche Farbwirkung ist, dass Farben nie von der Umgebung losgelöst wahrgenommen werden, sondern sich immer gegenseitig beeinflussen, so dass Rot vor einem weißen Hintergrund eine andere Wirkung hat als dasselbe Rot vor einem schwarzen Hintergrund.

Obwohl die Wirkungen von Farben individuell und kulturell unterschiedlich sind, werden der Farbe Gelb in den meisten traditionellen Farbsymboliken Gefühle wie Reife, Wärme, Optimismus, Vorwärtsstreben, Heiterkeit und Freundlichkeit zugeordnet; die Farbe Rot wird mit Aktivität, Dynamik, Gefahr, Temperament, Zorn, Wärme und Leidenschaft assoziiert; die Farbe Blau kann für Harmonie, Zufriedenheit, Ruhe, Passivität, Unendlichkeit und Sauberkeit stehen; und die Farbe Grün wird häufig mit Durchsetzungsvermögen, Frische, Beharrlichkeit,

Entspannung, Ruhe und Naturverbundenheit in Zusammenhang gebracht.

Schon Johann Wolfgang von Goethe beschäftigte sich eingehend mit den Wirkungen von Farben und entwarf einen Farbkreis zur Symbolisierung des menschlichen Geistes- und Seelenlebens. Sein Hauptwerk zum Phänomen der Farbe beinhaltet – neben allgemeinen und physikalischen Aspekten und didaktischen Ideen – einen Teil, der sich mit der Psychologie und Ästhetik von Farben beschäftigt. Seine Farbtheorie baut auf dem Gegensatz von Hell und Dunkel auf; Licht und Finsternis dienen ihm als Grenzphänomene zur Erklärung der Farben; als reine Malfarben bezeichnet er Gelb, Blau und Rot.

Da das menschliche Auge nach der Betrachtung einer Farbe selbst die Komplementärfarbe bildet, wurde Goethe dazu angeregt, die komplementären Farbpaare im Kreis diametral gegenüber anzuordnen. Ferner ging er von einer Steigerung der Farben zum Purpur aus, weshalb er Purpur in seinem Farbkreis oben anordnete. Daraus ergab sich, dass Grün – als Komplementärfarbe – unten liegen muss. Den vom Gelb zum Rot übergehenden Teil des Farbkreises bezeichnete Goethe als Plusseite, den gegenüberliegenden als Minusseite. Die psychologischen Wirkungen der Farben beschrieb er wie folgt:»Farben der Plusseite stimmen regsam, lebhaft, strebend, Gelb wirkt prächig und edel und macht einen warmen und behaglichen Eindruck. Farben der Minusseite stimmen zu einer unruhigen, weichen und sehnenden Empfindung und das Blau gibt uns ein Gefühl der Kälte.« (Goethe 1963)

Auch der Maler und Kunstpädagoge Johann Itten entwickelte während seiner Lehrtätigkeit im Bauhaus Weimar einen Farbkreis mit den Grundfarben Blau, Gelb und Rot, den Sekundärfarben Grün, Violett und Orange – die aus einer Mischung der drei Grundfarben entstehen – und den Tertiärfarben Blaugrün, Blauviolett, Purpurrot, Orangerot, Dunkelgelb und Hellgrün, die durch Mischung einer Grund- mit einer Sekundärfarbe entstehen. Besonders beschäftigten Itten auch die Farbkontraste und ihre Wirkungen auf die menschliche Wahrnehmung und Psyche.

64 Künstlerische Therapien

3.1.2 Farbkontrast

Bestehen zwischen nebeneinander liegenden Farben deutlich erkennbare Unterschiede, ist ein Farbkontrast wahrnehmbar. Für die praktische Arbeit ist es wichtig zu wissen, dass bei nahezu allen Farbkombinationen mehr als ein Farbkontrast zur Wirkung kommt und Farbkontraste sich in ihrer Wirkung überlagern. Wie die Farben selbst haben auch Farbkontraste einen unmittelbaren Einfluss auf die Wahrnehmung und Psyche, auch wenn Farbmischungen zuweilen unbewusst zustande kommen. Farbwirkungen können durch Kontrastfarben gesteigert oder geschwächt werden, und Farben sind in ihrer Wahrnehmung einem stetigen Wandel unterzogen, bei dem Faktoren wie Farbton, Helligkeit und Sättigung eine Rolle spielen.

3.1.3 Bildgestaltung, Komposition und Raum

Neben Farben und Kontrasten sind Formen, Linien und Objektanordnung bedeutsam für die Gestaltung und Wirkung eines Bildes. Die Form eines Elementes, die für das Erkennen und Einordnen von Objekten entscheidend ist, entsteht durch seine Umrisse und seine gedachte dreidimensionale Gestalt, die sich aus Licht und Schatten ergibt. Linien bilden sich – sofern sie nicht als eigenständige Elemente auftre-

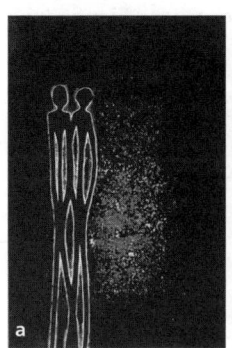

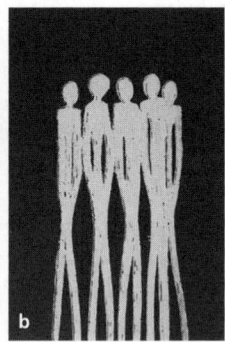

Abb. 1. a–c Die Rolle des Einzelnen in der Paarbeziehung und der sozialen Gemeinschaft (Offsetdruck). Es wurde bewusst mit Umrissen und Strukturen gespielt, und bereits die räumliche Anordnung und die Anzahl der Figuren generiert eine inhaltliche Aussage.

ten – durch Farbkontraste oder gedankliche Verbindungen von Bildelementen. Linien als eigenständige Elemente beziehen ihre Wirkung aus der Linienführung und ihrer Position im Bildraum und sind ein wichtiges Mittel zur Blicklenkung. Formen, Linien und Bildkomposition spielen sowohl bei der Gestaltung als auch bei der Betrachtung und Interpretation eines Bildes eine Rolle und können Aufschluss über Erfahrungen, Intentionen, Gedanken und Gefühle geben.

3.1.4 Bildstrukturen

Bilder und die in ihnen enthaltenen Bildstrukturen lassen sich sowohl formal- als auch inhaltsästhetisch betrachten und besprechen. In der Maltherapie stehen Therapeut und Patient in einem Verhältnis, das es ihnen ermöglicht, unbewusste Strukturen ins Bild zu setzen, so dass Bildstrukturen als Gestaltung der vorhandenen Strukturen verstanden werden können. Innerhalb dieser spielen sowohl die symbolischen Aussagen des Patienten als auch die beim Therapeuten entstehenden Gegenbilder und der sich daraus ergebende Prozess eine Rolle. Symbolische Aussagen bekommen ihre Bedeutung innerhalb der Arbeitsbeziehung und können – aufgrund ihrer dialogischen Beziehung – verstehbar werden. Dabei liegt der Entstehung von Beziehungs- und Bildstrukturen ein vielfältiger Prozess zugrunde, der nicht als einfaches analoges Geschehen missverstanden werden darf. Dennoch kann die Bildbetrachtung in Hinblick auf formalästhetische Strukturen den Zugang zu inhaltsästhetischen Strukturen eröffnen und dadurch den Dialog beleben und begreifbar machen.

3.1.5 Malmittel

Die Mittel, mit denen gemalt wird, haben sowohl Einfluss auf die Gestaltung und den Ausdruck, als auch Rückwirkungen auf den Malprozess und das Erleben des Malenden selbst und weiterhin auf den Eindruck des Betrachters. Dabei liegt es in der Verantwortung des Therapeuten, dem Gestaltenden die nötigen Mittel zur Verfügung zu stellen und bei der Auswahl beratend zur Seite zu stehen, wobei dies in möglichst offener Art und Weise erfolgen sollte. Dafür muss der Therapeut über die Eigenschaften der einzelnen Malmittel ausreichende Kenntnisse besitzen, muss beispielsweise wissen, dass Wasser- und Aquarellfarben die Tendenz zum Zerfließen haben, während ein zähflüssigeres Malmittel wie beispielsweise Ölfarbe mehr Struktur gibt, sich gut übermalen lässt und Farbschichtungen erlaubt.

Abb. 2. Öl auf Leinwand. a Die in diesem Fall verwendete Ölfarbe ermöglicht sowohl einen Auftrag in Schichten, als auch ein Fließen lassen in verdünnter Form. **b** Durch die hohe Viskosität der Ölfarbe lassen sich in unverdünnter Form auch Strukturen schaffen, wie in diesem Fall der klaffende Riss, der einen Blick auf die Leinwand freigibt.

Er muss weiterhin wissen, dass Pastellkreiden eine andere Beschaffenheit und Wirkung als Ölkreiden haben, ihr Abrieb stark ist und sie sich gut mit den Fingern verwischen lassen, während Öl- und Wachsmalkreiden dafür stabiler sind, so dass mehr Druck auf die Kreiden und damit mehr Energie in den Strich gegeben werden kann.

Auch spielt das verwendete Papier eine Rolle, seine Oberfläche, Struktur und Dicke, inklusive seiner Aufnahmefähigkeit für Wasser und Farbe. Zusätzlich zu Papier und Farbe kann jedes andere Material für ein Bild verwendet werden, wie beispielsweise Sand, Federn oder Rohwolle; auch können Worte und Fotografien ins Bild integriert oder in Form einer Collage aufgeklebt werden.

Bevor der Therapeut Materialien in den therapeutischen Malprozess integriert, sollte er zum einen selbst damit experimentiert und auf diese Weise ausreichend praktische Erfahrungen gesammelt haben und zum anderen über fundierte theoretische Kenntnisse über die Eigenschaften und Wirkungen der verwendeten Mittel und Materialen verfügen.

3.2 Ansätze und Methoden der Maltherapie

Die im Folgenden beschriebenen Ansätze (Ausdrucksmalen, LOM) und Methoden (Messpainting, dialogisches Malen) stellen nur eine kleine Auswahl einer breiten Palette vorhandener Methoden und Möglichkeiten innerhalb der Maltherapie dar, die sich selbstverständlich auch mit anderen Künstlerischen Therapien verbinden lässt. Auch sind die Übergänge zwischen den einzelnen Ansätzen fließend, so dass sie sich nicht immer scharf voneinander abgrenzen lassen, mehr noch, da verschiedene Techniken – je nach Erfahrung des Therapeuten und Bedürfnis, beziehungsweise Notwendigkeit des Patienten – oftmals miteinander kombiniert werden und es innerhalb jedes Ansatzes wiederum zahlreiche Maltechniken (z. B. Nass-in-Nass-Methode) gibt, die eigene Spezifika aufweisen und in unterschiedlicher Weise zum Einsatz gebracht werden können.

3.2.1 Ausdrucksmalen, lösungsorientiertes Malen

Die Ausdrucksmalerei ist eine Methode des Malens, die auf Arno Stern zurückgeht, der sie in den 1950er Jahren in der Arbeit mit Kindern entwickelte. Ursprünglich wurde mit Gouachefarben gemalt, die entweder mittels Pinsel oder mit den Händen aufgetragen wurden. Wichtig war Stern ein geschützter Raum, ein so genannter Closlieu, in dem Kinder abgesondert von der Öffentlichkeit ihr Innerstes ausleben können. Bereits für ihn standen der Prozess und die Entwicklung der Kinder und nicht das fertige Produkt im Vordergrund (Stern 1998).

Eng mit der Ausdrucksmalerei verwandt, ist das begleitete oder lösungsorientierte Malen (LOM) nach Bettina Egger, einer Schülerin Arno Sterns. Durch das lösungsorientierte Malen wird versucht, Anliegen und Symptome des Betroffenen zu klären, Perspektiven zu entwickeln und bei der Bewältigung schwieriger Situationen zu helfen. Kennzeichnend ist, dass der Fokus dieser Methode auf der Lösung und nicht auf dem Problem liegt, was die Methode in die Nähe gesprächsbasierter, lösungsorientierter Therapien rückt, allerdings unter Einbeziehung der breiten Palette der Möglichkeiten der Malerei.

3.2.2 Messpainting und dialogisches Malen

Beim Messpainting soll durch besonders spontanes Malen die Kreativität angeregt werden, damit der Mensch in natürlicher, spielerischer Weise und mit ungehemmtem Bewegungsablauf zum Ausdruck kommen und Affekte ausagieren kann. Um intuitiv und emotional zu malen und reflexive Prozesse dabei weitgehend auszuschalten, wird sehr schnell gemalt, so dass etwa alle zwei Minuten ein Bild entsteht, bis ungefähr fünf bis zehn Bilder vorhanden sind. Auch bei dieser Methode richtet sich die Aufmerksamkeit auf den Malprozess und nicht auf das fertige Produkt (Schottenloher 1989).

Das dialogische Malen geht auf heil- und kunstpädagogische Ansätze zurück. Der Grundgedanke ist, dass sich in der Gestaltung eines gemeinsamen Bildes ein nonverbaler Dialog zwischen zwei oder mehr Personen entwickelt. Dabei kann das Bild eine gegenständliche Darstellung beinhalten, die eine Geschichte erzählt, oder eine abstrakte Form annehmen, in der Linien, Flächen und Farben miteinander in Beziehung treten. Neben der Förderung kreativer Prozesse stehen die Entwicklung, Gestaltung und Visualisierung sozialer Interaktionen im Vordergrund des dialogischen Malens.

4 Gestalttherapie

Die Gestalttherapie versteht den Menschen als einen sich selbst regulierenden Organismus in Kontakt mit einem so genannten Umwelt-Feld und führt Störungen des Verhaltens und der Befindlichkeit auf Blockierungen der Selbstregulation im Kontakt mit diesem Umfeld-Feld zurück und bezeichnet sie als Kontaktstörungen. Durch die Arbeit im Hier und Jetzt versucht sie diese Blockierungen zu beseitigen und die selbstregulierenden Kräfte des Organismus zu aktivieren. Dabei sind ihre Ziele die Freilegung persönlicher Potenziale und die Förderung des kreativen Kontaktes zwischen Mensch und Umwelt-Feld (Boeckh 2006).

4.1 Wurzeln der Gestalttherapie

Nachdem die eigentlichen Wurzeln der Gestalttherapie in Afrika liegen, wo Laura und Frederick Perls lebten, als sie die Ideen zur Gestalttherapie entwickelten, fand diese nach der Rückkehr des Ehepaars ihre Verbreitung in den Vereinigten Staaten. Weitere wichtige Vertreter der ersten Stunde waren der Schriftsteller Paul Goodman und der Gestaltpsychologe Ralph Hefferline. Da die Perls eine psychoanalytische Ausbildung hatten, entwickelte sich die Gestalttherapie zum großen Teil aus der Psychoanalyse heraus und in Abgrenzung zu ihr, wobei später ein Bruch mit der Psychoanalyse erfolgte (Perls 1978).

1952 gründete Frederick Perls in New York ein Gestalt-Institut, 1953 ein weiteres in Cleveland. Das New Yorker Institut wurde später, nachdem Frederick Perls an die Westküste zog, von Laura Perls übernommen. Zu den bedeutenden Gestalttherapeuten, die mit Laura Perls zusammenarbeiteten, gehörte Isadore From, der an der Gründung des Instituts in Cleveland beteiligt war; an der Westküste gründete Jim Simkin (nach anfänglicher Zusammenarbeit mit Frederick Perls) ebenfalls ein eigenes Ausbildungszentrum.

Nach der Trennung des Ehepaares Perls entwickelte jeder Ehepartner seinen eigenen Stil. Der Arbeitsstil von Frederick Perls wurde als Westküstenstil bekannt und zeichnet sich dadurch aus, dass die Therapie auf einen dramatischen Durchbruch ausgerichtet ist und die Bearbeitung von Widerständen Vorrang erhält vor der empathischen Unterstützung des Patienten. Anders der von Laura Perls praktizierte Ostküstenstil, bei dem die unterstützende therapeutische Beziehung im Fokus steht, und die Therapie eher auf kleine, undramatische Schritte ausgerichtet ist.

1974 gaben Erving und Miriam Polster mit dem Buch Gestalt Therapy Integrated eine erste systematisierte Gesamtdarstellung zur Gestalttherapie heraus (Polster 1974). In Deutschland wurde die Gestalttherapie unter anderem durch Heik Portele und Hilarion Petzold bekannt.

4.2 Grundannahmen

Da die Gestalttherapie ihre Wurzeln in der Psychoanalyse hat, geht auch sie von unbewussten, psychischen Prozessen aus, die sich mittels

Bildern und Objekten darstellen und bearbeiten lassen. Diese Annahmen werden um die Theorien und Konzepte der Phänomenologie nach Edmund Husserl, der Gestaltpsychologie nach Ralph Hefferline und der existenzialistisch geprägten Begegnungsphilosophie nach Martin Buber ergänzt.

4.2.1 Der Begriff der Gestalt

Bevor Frederick Perls sich für den Begriff der Gestalttherapie entschied, hatte er die Begriffe Existenzial- und Konzentrationstherapie im Sinn, die er allerdings wieder verwarf, weil sie ihm zu nahe mit der Philosophie der Existenzialisten verbunden schienen. Dennoch blieben die Inhalte der Existenzialphilosophie und die Aspekte der Achtsamkeit, beziehungsweise der Konzentration ebenso wesentlich für die theoretische Konzeption der Gestalttherapie wie das Phänomen der Gestalt selbst.

Mit dem Begriff des Existenzialistischen assoziierte Perls, in Rückbezug auf Bubers existenzialistisch ausgerichtete Begegnungsphilosophie, das Dialogische. Mit dem Begriff der Konzentration verband er den Aspekt des Gewahrseins und der Begriff der Gestalt diente ihm schließlich zur Darstellung der Idee eines sinnvollen Ganzen, das in sich kohärent ist und immer in Kontakt zum Umwelt-Feld steht.

Der Prozess der Gestaltung innerhalb der Gestalttherapie wird dabei in Analogie zur Wahrnehmungsbildung in der Gestaltpsychologie verstanden, in der Vorder- und Hintergrund nur gemeinsam ein Gesamtbild ergeben, so dass beide in ihrem Zusammenhang entscheidende Voraussetzungen bei der Entstehung und Wahrnehmung von Gestalt darstellen. Ein Vordergrund entwickelt sich als prägnante Figur vor einem Hintergrund, der als Kontext verstanden wird: Ein weißer Fleck im Vordergrund kann nur auf dem Hintergrund einer farbigen Fläche gesehen werden; auf einem weißen Hintergrund hingegen nimmt der weiße Fleck keinerlei Gestalt an und ist somit als solcher nicht zu erkennen. Wie die Gestaltpsychologen gehen die Vertreter der Gestalttherapie davon aus, dass Wahrnehmung immer Ausdruck einer komplexen Sinngebung ist und Gestaltung nicht nur einen ständig ablaufenden Prozess von Wahrnehmungsorganisation darstellt, durch den aus einer Vielzahl von Sinneseindrücken eine prägnante, sinnvolle Gestalt herausgebildet wird, sondern zugleich immer interessengeleitet und abhängig von Biographie, Stimmung und Erfahrung des Gestaltenden ist.

4.2.2 Feld und Kontakt

Der ganzheitliche Ansatz der Gestalttherapie umfasst den Menschen als untrennbare Einheit von Körper, Geist und Seele. Er bezieht sich zugleich auf die Ganzheit des Organismus im Feld, wodurch die Tatsache berücksichtigt wird, dass das Individuum nie isoliert von seiner Umgebung gesehen und verstanden werden kann. In der Gestalttherapie spricht man vom Organismus-Umwelt-Feld und geht davon aus, dass sich zwischen Organismus und Umwelt eine Kontaktgrenze befindet, die sowohl trennt als auch verbindet und die sich im Kontakt des Organismus mit der Umwelt bewegt. Dabei werden Kontakt und Kontaktgrenze, wie das Selbst, als umfassender Prozess verstanden; Perls definierte das Selbst als ein System ständig neuer Kontakte (Perls 1980).

4.2.3 Der Aspekt des Gewahrseins

Ein weiterer wichtiger Aspekt der Gestalttherapie ist der des Gewahrseins. Die gegenwärtige Situation wird, auch in Hinblick auf die Möglichkeiten zur Veränderung, als entscheidend angesehen; Vergangenheit und Zukunft werden nicht ausgeblendet, sondern sind in Form von Erinnerung und Planung integriert. Gefördert wird das Gewahrsein durch direkte Rückmeldungen des Therapeuten, den Einsatz gezielter Übungen und ein bewusstes Innehalten im Dialog und Arbeitsprozess.

4.2.4 Der dialogische Aspekt

Durch die konkrete Arbeit in der aktuellen Situation und an der Beziehung zwischen Patient und Therapeut wird der Kontakt des Patienten zu sich und seiner Umwelt gefördert. Die Lebenswelt des Patienten bildet sich in der Therapiesituation ab und kann dort verstanden und verändert werden. Dabei erfolgt die therapeutische Beziehung aus einer Hinwendung zum Dialogpartner auf gleicher Ebene; und in Anlehnung an Martin Buber unterschieden die Perls zwischen einem Ich-Du und einem Ich-Es, wobei das Ich-Du auf den jeweils anderen bezogen ist, während sich das Ich-Es auf die Welt bezieht.

5 Gestaltungstherapie

Der Begriff der Gestaltungstherapie ist dem der Kunsttherapie vielleicht am nächsten; häufig werden beide Begriffe auch synonym verwendet. Wie in der Kunsttherapie ist also auch in der Gestaltungstherapie die Palette der einsetzbaren Mittel und Methoden sehr umfangreich. Es kann mit Farben und Formen in einem Bild gestaltet, mit Ton, Holz, Gips und Stein gearbeitet werden; es können Radierungen angefertigt und Druckgraphiken hergestellt werden. Bei der Anwendung und Kombination von Materialien sind der Phantasie keine Grenzen gesetzt. Die Grenzen der Anwendung sind eher pragmatischer und finanzieller Natur; nicht alle Materialien sind leicht vorrätig zu halten, und zur Bearbeitung bestimmter Materialen sind zuweilen sehr spezielle Werkzeuge und Maschinen erforderlich, die überdies teuer sind. Weiterhin benötigen manche Arbeiten und Geräte große Räume, viel Bearbeitungszeit und spezielles handwerkliches Können und Wissen.

Wie verschiedene Malfarben und Malmittel unterschiedliche Wirkungen und Funktionen haben, besitzen auch die unterschiedlichen, in der Gestaltungstherapie zur Anwendung kommenden Materialien bestimmte Eigenschaften und Wirkungen. Im Folgenden können nur einige Bereiche und Materialien der Gestaltungstherapie exemplarisch aufgezeigt werden. Jeder, der eines dieser Verfahren anwenden will, sollte sich eingehend darüber informieren, durch Kollegen einweisen lassen und eigene Erfahrungen in der Arbeit mit dem Material sammeln, bevor er es in der Praxis zum Einsatz bringt.

5.1 Arbeit am Stein

Bei der Arbeit am Stein handelt es sich um ein subtraktives Verfahren, bei dem man etwas wegnimmt, um etwas Neues entstehen zu lassen, so dass es zuweilen dem Zufall überlassen bleibt, was entsteht, da beim

Arbeiten mitunter Steinanteile weggesprengt werden, die der Gestaltende möglicherweise erhalten wollte. Je nach Gesteinsart ist der Widerstand, den das Material dem Gestalter entgegensetzt, unterschiedlich groß.

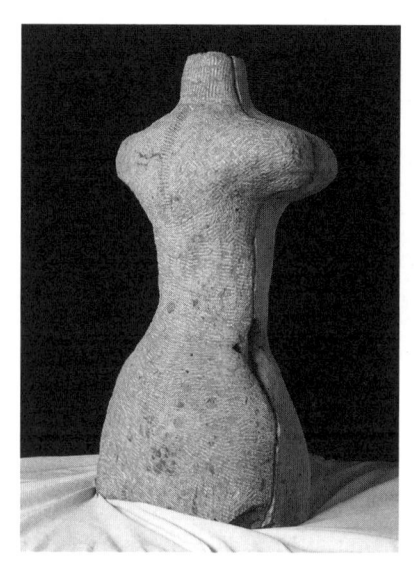

Abb. 3. Janus (gelber Sandstein). Sandstein ist von einer mittleren Härte, was ein angenehmes Arbeiten ermöglicht. Hier wurde als Ausgangsstein ein Quader verwendet, durch den eine Metallstange lief. Das dadurch entstandene Loch im Stein ließ sich in die Gestaltung einbeziehen, was zeigt, dass es bei der Arbeit am Stein immer auch darauf ankommt, sich auf den Stein einzulassen.

Dementsprechend erfordert die Arbeit am Stein Energie und Ausdauer und ein hohes Maß an Frustrationstoleranz und Flexibilität. Da die Verletzungsgefahr bei der Arbeit am Stein – gerade zu Beginn – hoch sein kann, sollte diese Arbeit besonders gut angeleitet und begleitet werden. Schutzmaßnahmen wie das Tragen von Schutzbrillen und Atemmasken müssen unbedingt eingehalten werden. Bereits bei den Vorbereitungen, in die die Patienten involviert sein sollten, lässt sich etwas über das individuelle Fürsorgeverhalten der Patienten, ihre Risikobereitschaft und ihr Verhalten in neuen, herausfordernden Situationen erkennen.

Eine Alternative zu der Arbeit mit harten Gesteinen bildet die Arbeit am Speckstein; dieser ist weicher und lässt sich mit handelsüblichen Feilen bearbeiten. Da mit Speckstein meist in kleineren Formaten gearbeitet wird, ist zudem der dafür benötigte Raum geringer; auch sind

Abb. 4. Einschnürungen (weißer Sandstein). Die Art der Oberflächenbearbeitung kann bei der Arbeit am Stein ebenfalls als Ausdruck genutzt werden. Nicht alle Steine müssen glatt und perfekt geschliffen werden.

die Steine in der Regel leichter, so dass sie von den Patienten allein bewegt werden können, was bei der Arbeit mit harten Gesteinen oft nicht der Fall ist. Beim Arbeiten mit Speckstein kommen der Feinarbeit und dem Detail eine große Bedeutung zu; auch wie die Steine am Ende bearbeitet werden, das heißt, ob sie fein geschmirgelt und poliert werden, kann als Form des persönlichen Ausdrucks verstanden werden.

5.2 Tongestaltung

Ton ist ein weiches, gut formbares Material, bei dem durch Hinzufügen eine Gestaltung erfolgt. Es handelt sich also um ein additives Verfahren, bei dem aber nicht nur etwas hinzugefügt, sondern auch weggenommen werden kann, so dass der Gestaltende in seiner Arbeit flexibler ist als am Stein, und von ihm vermeintlich als Fehler angesehene Arbeitsschritte partiell wieder rückgängig gemacht werden können, was ebenfalls als Aussage aufgefasst und als solche besprochen werden kann.

Ton bedarf einer sorgsamen Bearbeitung, da er, wenn er nicht ausreichend feucht gehalten wird, nur schwer oder gar nicht mehr zu formen ist. Ton hat gegenüber Stein den Vorteil, dass bereits in einem kürzeren Zeitraum Gestaltungsobjekte zu erkennen sind, so dass die Arbeit schneller zum Abschluss gebracht werden und zum Erfolgserlebnis beitragen kann.

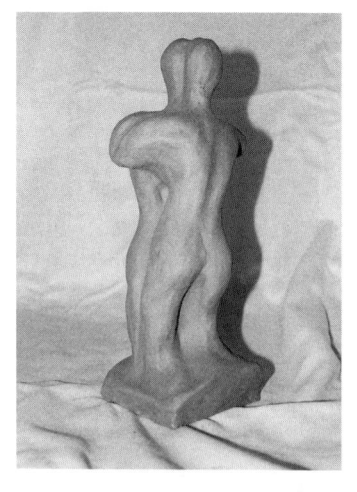

Abb. 5. Tanz (roter, gebrannter Ton). Die Besonderheit des Tons ist, dass er in nicht gebrannter Form sehr weich ist, was ihn gut formbar macht, aber zugleich leicht instabil werden lässt, so dass auch die Eigenschaft des Materials bei der Gestaltung eine Rolle spielt und kompaktere Gebilde leichter zu gestalten sind als fragile, die meist zusätzlich abgestützt werden müssen.

Abb. 6. Die Räuberbraut (weißer, nicht gebrannter Ton). Mit Ton lassen sich einzelne Element sowohl darstellen als auch verbergen. Auch kann Ton, sofern er feucht gehalten wird, immer wieder umgearbeitet werden, so dass ein langer Bearbeitungsprozess möglich ist.

5.3 Gipsarbeiten

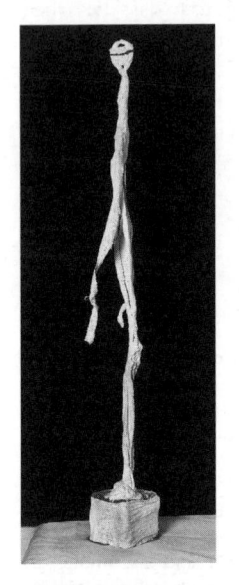

Mit dem Material Gips haben die meisten Menschen schon früher Kontakt gehabt, sei es in der Medizin zur Ruhigstellung von Knochenbrüchen oder in der Schule, beziehungsweise im Kindergarten beim Anfertigen von Gipsabdrücken. Mit Gips kann man sowohl Negativ- als auch Positivabformungen vornehmen. Abgeformt werden kann alles, angefangen von Körperteilen bis hin zu Muscheln oder anderen Naturmaterialien. Durch seine helle Eigenfarbe bietet Gips sich dazu an, nach Abschluss der Gestaltung farbig weiter bearbeitet zu werden. Auch lassen sich problemlos andere Materialien

Abb. 7. Der Schrei (Gipsbandagen, Draht, Holz). In der Arbeit mit Gips lassen sich vielfältige Materialien einbeziehen, zudem lässt Gips sich gut färben (s. Augenbinde).

Abb. 8. a Schutztier b Selbstbild. Gipsarbeiten, die im Rahmen eines kunsttherapeutischen Projekts im Kindergarten entstanden sind. Die Gestaltung ermöglicht zuweilen, Aussagen zu treffen, die verbal vielleicht (noch) nicht möglich sind.

einbinden, zuweilen sind sie sogar erforderlich, wie beispielsweise das Einbringen von Draht beim Herstellen von Figuren.

Da Gips in relativ kurzer Zeit abbindet, ist ein konzentriertes Arbeiten erforderlich. Auch eignet sich das Material zur Arbeit in der Gruppe, da man sich dabei gut gegenseitig unterstützen kann, beispielsweise beim Anreichen feuchter Gipsbahnen. Die Arbeit mit Gips erfordert aber nicht nur ein zügiges und konzentriertes Arbeiten, sondern zugleich ein räumliches und abstraktes Vorstellungsvermögen, um sich die Unterschiede zwischen Positiv- und Negativabdruck klar zu machen.

5.4 Arbeiten mit Holz

Auch mit dem Werkstoff Holz haben viele Menschen bereits Erfahrungen gesammelt, da sie vielleicht im Kindergarten oder in der Schule mit Holz gearbeitet haben, beispielsweise in einem so genannten Werkunterricht, in dem möglicherweise Laubsägearbeiten durchgeführt wurden. Mit Holz lässt sich sowohl zwei- als auch dreidimensional arbeiten. Je nach Holzart ist der Widerstand, den das Material dem Bearbeiter entgegensetzt, unterschiedlich; in den meisten Fällen ist der Krafteinsatz bei der Arbeit mit Holz allerdings geringer als bei der Arbeit mit Stein. In der Arbeit mit Holz können Treibgut oder Äste aus dem Wald, die oft schon eine eigene Form haben und Assoziationen hervorrufen, integriert werden oder als Vorlage dienen.

6 Musiktherapie

Belege für die Heilkraft der Musik finden sich bereits im Alten Testament im ersten Buch Samuels, Kapitel 16, Vers 23: »Sooft nun ein Geist Gottes Saul überfiel, nahm David die Zither und spielte darauf. Dann fühlte sich Saul erleichtert, es ging ihm wieder gut und der böse Geist wich von ihm.« Der Dichter Novalis ging sogar so weit zu behaupten, dass jede Krankheit ein musikalisches Problem sei, das demzufolge durch musikalische Auflösung geheilt werden könne (von Engelhardt 2005).

6.1 Musik als natürliche Ressource

Der Mensch ist von natürlicher und geschaffener Musik umgeben, die auf ihn einwirkt und zur Produktion von Tönen anregt. Musik kann als eigene Sprache mit einer immensen Vielfalt in Ausprägung, Form und Inhalt verstanden werden. Das, was nicht Sprache werden kann oder darf, kann in der Musik womöglich eingeholt werden, wobei Musik sich potenziell immer in der Übersetzung zur Sprache befindet, so dass primär Unaussprechliches in der Musik erkannt und in die Sprache transportiert werden kann.

Die Musiktherapie nutzt die in der Natur vorhandenen musikalischen Strukturen und Gesetzmäßigkeiten, die bewusst oder unbewusst vom Rezipienten empfunden werden. Das tragende Element der Musik ist der Rhythmus, ein wiederkehrender periodischer Vorgang, der sich aus Tönen zusammensetzt und seine Analogie in den biologischen Rhythmen des Menschen findet. Musik gestaltet einen zeitlichen Prozess und besitzt eine dialogische Anlage, die die Möglichkeit des Miteinander-Spielens und Aufeinander-Bezugnehmens enthält.

6.2 Spezifische Wirkungen der Musiktherapie

Der Kunsttherapeut Harald Gruber und der Musiktherapeut Jens Peter Rose konnten nachweisen, dass das Hören von Musik zur Schmerzreduktion beitragen kann (Gruber und Rose 2007). Musik hat zudem eine aktivierende Funktion, die zur Harmonisierung von Bewegungsabläufen oder zur Unterstützung motorischer Funktionsübungen eingesetzt werden kann. Im heilpädagogischen Bereich wird Musiktherapie beispielsweise angewendet, um die Laut- und Sprachanbahnung zu unterstützen, sowie die Grob- und Feinmotorik zu verbessern und die soziale Eingliederung zu erleichtern (Hörmann 2003).

Wird Musik in sachkundiger Weise von erfahrenen Musiktherapeuten eingesetzt, die in der Lage sind, die individuell auf den Patienten zu einem spezifischen Zeitpunkt passende Musik auszuwählen, vermag sie das Gleiche zu bewirken wie andere biologische Reize: Stimulation des körpereigenen Belohnungssystems, Aktivierung zentralnervöser Strukturen, Verminderung unangenehmer Emotionen, Steigerung von Konzentration, Leistungsfähigkeit und Wohlbefinden (Spitzer 2002).

6.3 Sozialisierung und Individualisierung

Musik kann, je nachdem, ob sie in der Gruppe oder allein ausgeübt wird und auf welchen Instrumenten in welcher Weise gespielt wird, sowohl sozialisierende als auch individualisierende Wirkung haben. Wird beispielsweise gemeinsam musiziert, sei es bei der Einübung eines Stückes oder beim Improvisieren, oder wird gemeinsam Musik gehört, kann dies eine sozialisierende Wirkung haben; wird hingegen allein musiziert oder allein Musik gehört, kann dieser Vorgang individualisierend wirken. Auch das Musizieren in einer Gruppe kann sozialisierende wie individualisierende Wirkung haben, abhängig davon, ob die Gruppenteilnehmer auf sich konzentriert sind oder auf andere Teilnehmer musikalisch Bezug nehmen, einem eigenen oder einem gemeinsamen Rhythmus folgen. Musik ist also sowohl wichtig für die Entwicklung von Individualität und Identität als auch für das Gemeinschafts- und Zugehörigkeitsgefühl (Decker-Voigt 2002).

6.4 Musik und Psychästhetik

Unter dem Begriff der Psychästhetik versteht man zunächst ganz allgemein ein sinnliches Bewegtsein bei der Produktion oder Rezeption von Kunst. Es resultiert daraus, dass auch Seelisches psychästhetischen Gesetzen folgt, wobei Ästhetik in diesem Kontext als Lehre der sinnlichen Erkenntnis zu verstehen ist. Demzufolge werden die Grundbedingungen seelischer Prozesse in künstlerischen Produktionen sinnlich erfahrbar. Dies gilt prinzipiell für alle künstlerischen Bereiche, spielt aber im Bereich der Musiktherapie eine besondere Rolle: Musik ist eng mit ästhetischen Standpunkten verbunden, wobei weniger ästhetische Ideale als vielmehr Werte, für die es keinen allgemeinen Konsens gibt, wichtig sind.

Gelingt es dem Musiktherapeuten, die individuelle Ästhetik des Patienten in Zusammenhang mit seinen inneren Werten und Überzeugungen zu bringen, erhält er auf diese Weise unter Umständen wertvolle Informationen, die zur Lösung eines Problems hinzugezogen werden können. »Indem wir Therapeuten unsere Klienten zum musikalischen Spiel auffordern, zeichnet sich letztlich deren Psychästhetik ab und es werden die damit verbundenen inneren Werte und Funktionsweisen re-konstruiert, die im Zusammenhang mit der Lösung des Problems von Bedeutung sind« (Zeuch 2003). Es versteht sich, dass nur ein differenzierter Umgang und ein umfassendes Musikwissen einen in die Lage versetzt, von der Ästhetik der vom Patienten gespielten Musik Rückschlüsse auf dessen Werte und Überzeugungen zu ziehen und diese therapeutisch zu nutzen.

7 Tanztherapie

Tanz als Bewegung mit kreativem, individuellem Ausdruck, als Möglichkeit des Verstehens und Verarbeitens von Gefühlen und als Mittel der Kommunikation ist Kernbestandteil der Tanztherapie, wie sie in den 40er Jahren des 20. Jahrhunderts in den Vereinigten Staaten entwickelt wurde. In der Tanztherapie werden in spielerischer Form Bewegungen aufgegriffen, ausagiert und variiert. Tanzimprovisationen, Bewegungs- und Wahrnehmungsübungen und -spiele können helfen, ein Körper- und Selbstbild aufzubauen, eine Verbindung zwischen Körper, Geist und Seele herzustellen, Gedanken, Gefühle, Erinnerungen und Erlebnisse erfahr- und spürbar zu machen und neue Formen der Beziehungsgestaltung zu erproben.

Ausdrucks-, Anspannungs- und Kommunikationsverhalten lassen sich anhand von Muskelspannung, Atmung, Form, Haltung und Bewegungsdynamik erkennen, als diagnostisches Mittel einsetzen und durch tanztherapeutische Interventionen beeinflussen. Durch Einbeziehung von Körpersprache und -gedächtnis wird die Entwicklung eines realistischen Körperbildes begünstigt und das Körpergewahrsein unterstützt. Auf diese Weise kann die Tanztherapie zur emotionalen und sozialen Stabilität beitragen und bei der Bewältigung schwieriger Lebensphasen helfen (Koch 2003).

7.1 Zwischen Improvisation und Gestaltung

Ein wichtiger Bestandteil der Tanztherapie ist die Improvisation, in der Unvorhergesehenes Raum findet; Bewegungen entstehen aus Impulsen, der Tänzer kann seinem Empfinden, Erleben und Begreifen Ausdruck verleihen. Pioniere der Tanztherapie sahen insbesondere in der Improvisation die Möglichkeit zur Gestaltung von Bewegtheit, zur Synthese und Integration von Bewusstem und Unbewusstem. Durch Kombination von Tanztechniken kann der Patient Stimmungen und Emotionen durch kontrollierte Bewegungen ausdrücken. Sowohl bei der Improvisation als auch bei der Gestaltung von Bewegung und Tanz hat der Patient die Möglichkeit zu wählen, zu kontrollieren und zu verändern.

7.2 Körperliche Engramme

Körpererlebnisse begleiten den Menschen ein Leben lang, und die Möglichkeiten, körperliche Erfahrungen sprachlich zu fassen und zu beeinflussen, sind begrenzt, so dass es zusätzlicher Mittel bedarf, nicht sprachliche Erlebnisse (beispielsweise durch Bewegung und Tanz) zum Ausdruck zu bringen. Neurophysiologische Untersuchungen haben ergeben, dass Engramme körperlicher und visueller Erfahrungen getrennt von Erfahrungen gespeichert werden, die an sprachliche Symbole gebunden sind, weswegen es folgerichtig erscheint, dass diese visuellen und körperlichen Engramme am besten durch nicht-sprachliche Methoden erinnert und aktiviert werden können (Eberhard 2003).

8 Therapeutisches Theater und Psychodrama

Das Wort Drama stammt aus dem Griechischen und bedeutet so viel wie Handlung, womit der ästhetische, emotionale, expressive und kommunikative Prozess des Theaterspiels gemeint ist, wobei im Psychodrama wie im therapeutischen Theater handlungs- und gegenwartsbezogene Aspekte im Vordergrund stehen.

Das therapeutische Theater wurde 1908 von dem Mediziner und Philosophen Vladimir Iljine begründet. Darin werden Elemente aus dem Theater auf komplexe Situationen und Beziehungen im Alltag übertragen. Eingesetzt werden sowohl Techniken aus dem klassischen Theater als auch aus dem Stegreif- und Rollenspiel. Durch die Inszenierung auf der Bühne werden Handlungs- und Beziehungsmuster deutlich und können bearbeitet und verändert werden. Dabei ist das Geschehen auf der Bühne weder richtig oder gut, noch falsch oder schlecht, sondern primär etwas, das vorhanden ist und durch Darstellung verstanden und genutzt werden kann.

Im therapeutischen Theater erhält der Patient die Möglichkeit, seine eigene Inszenierung als Ressource zu begreifen und sein Verhalten als eine Rolle zu sehen, deren Bewegungen und Mimik er beherrscht. Mit Hilfe von außen kann er im Verlauf des Spiels weitere Fähigkeiten entdecken und zugleich lernen, dass er die Option zwischen verschiedenen Verhaltensweisen und Rollen hat. Die Szene auf der Bühne kann der Patient so oft wiederholen und verändern, wie er will, um auf diese Weise zu neuen Perspektiven und Lösungen zu gelangen, die vorerst zwar nur auf der Bühne gelten, sich in einem zweiten Schritt aber in den Alltag transferieren lassen, zumal durch Darstellung und Inszenierung das Bewusstsein entsteht, dass Lösungswege vorhanden sind.

Das Psychodrama grenzt sich vom therapeutischen Theater nur insofern ab, als dass in ihm intrapsychischen Prozessen und Konflikten eine größere Beachtung beigemessen wird als im eher handlungsorientierten therapeutischen Theater. Zuweilen werden die Begriffe allerdings synonym verwendet. Das Psychodrama wurde von dem österreichischen Arzt Jakob Levy Moreno entwickelt, der damit die Spontanität und Kreativität seiner Patienten aktivieren und ein konstruktives Handeln fördern wollte, um den Patienten auf diese Weise die Möglichkeit zu geben, neue, angemessene Reaktionen für bereits bekannte oder auch neue, ungewohnte Situationen zu finden (Moreno 1959).

8.1 Die kathartische Idee des Aristoteles

Neben dem Zugewinn von Erkenntnissen kann es im Verlauf des Theaterspiels zu einer Art heilsamer Erschütterung, der so genannten Katharsis, kommen. Nach der aristotelischen Definition der Tragödie bezeichnet die Katharsis eine emotionale, körperliche, geistige und religiöse Reinigung. Durch Erleben und Durchleben von Mitleid und Furcht, so Aristoteles, erfahre der Zuschauer der Tragödie eine Läuterung der Seele von diesen Affekten, wobei Reinigung in diesem Zusammenhang soviel wie Mäßigung der Gefühlszustände bedeutet, welche gemäß dem ethischen Prinzip der Mitte erforderlich ist, um Glückseligkeit im Rahmen der staatlichen Gemeinschaft zu erlangen. Diese bis ins 18. Jahrhundert herrschende moralisierende Interpretation der Katharsis verstand die psychische Veränderung vor allem als Vorbereitung für eine moralische Verbesserung. Nach Gotthold Ephraim Lessing bestand die tragische Katharsis gar in einer Umwandlung der Affekte in tugendhafte Fertigkeiten. Modernere psychologische Deutungen hingegen betonen den Abbau psychischer Spannungen ohne dabei moralisierende Wertungen vorzunehmen oder moralische Ziele zu verfolgen.

8.2 Die symbolische Welt

In der dramatischen Darstellung von Erlebnissen, Bildern, Phantasien und Gedanken, in der Dynamik von Steigerung und Lösung, präsentieren sich Vor- und Nachbild des Lebens, so wie es im dargestellten Augenblick erfahren wird. Im dramatischen Raum können komplexe Erfahrungen dargestellt und überdacht werden. Es entsteht eine symbolische Welt, in der neue Erfahrungen und Perspektiven gewonnen und kognitive Fähigkeiten, soziale Kompetenzen und Kommunikationsfertigkeiten trainiert und gestärkt werden (Schieffelin-Gersie 2003).

Stehen zu Beginn des therapeutischen Theaters einfache Bewegungs-, Wahrnehmungs-, Atem- und Stimmübungen im Vordergrund, können diese über szenische Rollenspiele und Improvisationen bis hin zu einem adaptierten oder selbst verfassten Theaterstück weiter entwickelt werden. Neben technischen Fertigkeiten und Rollenspielen sind Sharing und Feedback, die der Verarbeitung des Erlebten und der Kommunikation dienen, wichtige Elemente des therapeutischen Theaters. Beim Sharing berichten die Mitspieler, was sie erlebt und gelernt haben, während sie beim Feedback direkte Rückmeldungen an den Protagonisten geben.

8.3 Transpersonales Psychodrama

Aus dem ursprünglichen therapeutischen Theater und Psychodrama haben sich zahlreiche neue Konzepte und Schulen entwickelt. Das transpersonale Psychodrama beispielsweise arbeitet konfrontativer als das ursprüngliche Psychodrama, benutzt Gesprächsrunden als Bühne und integriert systemische Methoden. Der Leiter, respektive Therapeut hat beim transpersonalen Psychodrama eine stärkere Rolle als im herkömmlichen Psychodrama und lenkt den Veränderungsprozess aktiver, so dass weniger dem Zufall überlassen wird.

8.4 Psychodrama in der Jugendarbeit

Auch in der Arbeit mit Kindern und Jugendlichen hat das Psychodrama einen großen Stellenwert erlangt. Anlass für die Anwendung der psychodramatischen Bildungsarbeit war und ist die weit verbreitete Beziehungslosigkeit zwischen Lehrern und Schülern, die als mögliche Ur-

Abb. 9. Tanztheater mit Neutralmasken. Durchgeführt im Rahmen einer Projektwoche an einem Gymnasium. In Rollen zu schlüpfen, sich hinter Masken zu verbergen, eröffnet oftmals neue Spiel- und Handlungsräume.

sache für Versagen und Aggression in der Schule angesehen wird. Die psychodramatische Bildungsarbeit soll dabei helfen, dieses Beziehungsdefizit zwischen Lehrern und Schülern, sowie unkooperatives und auffälliges Verhalten von Kindern und Jugendlichen in der Gruppensituation zu betrachten und zu bearbeiten.

Durch Rollenwechsel, Feedback und Sharing, so die Idee, erhält der Jugendliche Rückmeldungen über sein Verhalten und kann alternative Verhaltensmuster auf die eigene Rolle übertragen. Dass der Rollentausch dabei nicht auf der realen Ebene stattfindet, sondern anhand von symbolischen Handlungen bearbeitet wird, bietet die Möglichkeit, in einem gestellten Szenarium aktuelle Konfliktszenen durchzuspielen und einen Perspektivwechsel vorzunehmen.

9 Poesietherapie

Schreiben ist eine uralte Form der Kommunikation und reicht in der westlichen Kultur bis 500 v. Chr. zurück. Die ersten archaischen Dichter waren die Götter, Zeus war der Vater der Musen, Mnemosyne die Mutter. Von den Göttern übernahmen die Heroen die Kunst des Dichtens, aber auch sie brauchten göttlichen Beistand. Sowohl die Sprache als auch die Schrift haben in der Heilkunst eine lange Tradition. Es gibt magische Formeln, Wahrsagungen, Trostsprüche, Psalmen, Loblieder und die Besprechung von Wunden. Apollon, Vater des Asklepios, war nicht nur der Gott der Heilkunst, sondern auch der Gott der Dichtkunst, versehen mit dem Attribut der Schönheit, die damals mit dem Zustand der Gesundheit gleichgesetzt wurde (Heimes 2008).

9.1 Definition der Poesietherapie

Unter Poesietherapie kann jedes therapeutische oder selbstanalytische Verfahren verstanden werden, das durch Schreiben den subjektiven Zustand eines Individuums zu bessern versucht. Die Poesietherapie zählt zu den expressiven, kreativen Therapien, die über Förderung der schöpferischen Potenziale, der Wahrnehmungs- und Erlebnisfähigkeit und der Einsicht in relevante lebensgeschichtliche Konflikte zur Heilung und Persönlichkeitsentwicklung beitragen (Marschik 1993).

9.2 Wurzeln der Poesietherapie

Der Ausdruck Poesietherapie ist dem amerikanischen poetry therapy entlehnt, der von Jack Leedy und Arthur Lerner geprägt wurde. In den Vereinigten Staaten hat die Poesietherapie schon lange einen anerkannten Platz, es existiert ein eigener Berufsverband für Poesietherapeuten, und es finden jährlich zahlreiche Kongresse zur Poesietherapie statt. Lerner wurde 1971 an einem neuropsychiatrischen Zentrum in Kalifornien als Poesietherapeut angestellt, wo er in seiner Arbeit mit psychisch Kranken zunächst die Bibliotherapie entwickelte und in der Folge zum therapeutischen Heilen durch Dichten und Schreiben kam (Lerner 1980).

Ebenfalls in Amerika entwickelte Gabriele Rico die von ihr als natürliche Schreibtherapie bezeichnete Methode, deren Grundlage die Erkenntnis bildet, dass das Großhirn aus zwei unabhängig voneinander arbeitenden Hälften besteht, die durch einen Nervenstrang miteinander verbunden sind. Rico strebt im Schreiben eine Verbindung beider Hirnhälften an, um das Bewusste mit dem Unbewussten in Kontakt zu bringen. Als Verbindungsglied zwischen der linken, für das lineare logische Denken verantwortlichen, und der rechten, für den Ausdruck von Gedanken und Gefühlen in komplexen Bildern zuständigen Gehirnhälfte, nutzt sie die freie Assoziation (Rico 1984).

In Europa verdankt die Poesietherapie ihren Aufschwung unter anderem Ernest Pickworth Farrow, Klaus Thomas und Hilarion Petzold. Farrow, der in England geborene Biologe, litt selbst an einer durch den ersten Weltkrieg verursachten Depression. Durch Jungs Assoziationsexperimente auf die Psychoanalyse aufmerksam geworden, begann er mit einer klassischen Psychoanalyse, um diese als poetische Selbstanalyse fortzuführen. Thomas, der in Deutschland geborene Pfarrer, Arzt und Psychotherapeut, entwickelte aus seiner therapeutischen Arbeit mit akut suizidalen Patienten eine schriftliche Selbstanalyse für die Patienten, die er mit monatlichen Besprechungen begleitete. Hilarion Petzold entwickelte, unter Berücksichtigung der amerikanischen Poesietherapie, am Fritz-Perls-Institut (FPI) der Europäischen Akademie für psychosoziale Gesundheit (EAG) ein Konzept für Poesie- und Bibliotherapeuten mit festgelegtem Ausbildungscurriculum, wodurch die Schreibtherapie in Deutschland ihre Professionalisierung und berufliche Institutionalisierung erlangte (Petzold 2005).

Ein weiterer Wegbereiter der Poesietherapie in Deutschland war Lutz von Werder, unter dessen Leitung seit 1982 an der Fachhochschule für Sozialarbeit und Sozialpädagogik in Berlin das Projekt Kreatives Schreiben an der FHSS Berlin läuft. Die ersten deutschen Universitäten, die Schreibprojekte anboten, waren Bonn, Bremen, Hannover und Hamburg. 1985 fand in Deutschland der erste Poesietherapiekongress statt.

9.3 Spezifische Wirkungen der Poesietherapie

Neben den bereits erwähnten Wirkungen, die den Künstlerischen Therapien gemein sind, gibt es einige zusätzliche, für die Poesietherapie charakteristische Wirkungen. Beispielsweise hat es sich gezeigt, dass der Schreibende die Fähigkeit, sich seiner selbst und der Welt auf sprachgestaltende Weise zu nähern, sich auszudrücken und zu präzisieren, im Verlauf der Therapie internalisiert, wodurch die Poesietherapie nicht nur ein Mittel für Therapeuten bei ihrer Arbeit ist, sondern zugleich eine Hilfe zur Selbsthilfe darstellt, da der Patient die gemeinsam begonnene Arbeit selbstständig fortführen und das Schreiben als einen zuverlässigen Begleiter erfahren kann. Die schriftliche Reflexion und Zwiesprache, die Auseinandersetzung mit sich und der Welt, die Selbstvergewisserung und die schriftliche Dokumentation des eigenen Prozesses bieten Verlässlichkeit und schaffen Vertrauen in die eigenen Fähigkeiten, so dass der Schreibende das Gefühl gewinnt, aktiv an der Lösung der eigenen Lebensprobleme beteiligt zu sein (Heimes 2010).

Die durch die Poesietherapie herbeigeführte Veränderung der Sprach- und Ausdruckskompetenz führt von einer routinierten Wahrnehmung zu einem neuen, erweiterten Blick, wobei die Poesietherapie zugleich versucht, einer Entfremdung von Wort und Körper, einer Abspaltung der Sprache vom Leben, entgegenzuwirken. Im Unterschied zur oft verzerrenden und inhaltsleeren Alltagssprache stellt die poetisch verdichtete Sprache die Vielfalt der Lebenswelt dar, in der sie wirkt.

Während des Schreibprozesses und seiner Vorphasen durchläuft der Schreibende verschiedene Phasen der Reflexion, in denen das vorhandene Material gesichtet und sortiert wird. Im Augenblick des Schreibens stellen sich zu dem Geschriebenen weitere Gedanken und Gefühle ein, die eine Veränderung des Bewusstseins bewirken und verschiedene Sicht- und Haltungsweisen generieren (Heimes 2008).

10 Bibliotherapie

Die Bibliotherapie umfasst die heilsame Wirkung des Lesens sowohl von Sachtexten, Ratgebern und Aufklärungsbroschüren, wie auch von autobiographischen Berichten, Prosa und Lyrik. Sie kann der Information dienen, der Beruhigung, der Identifikation und der persönlichen Entwicklung. »Persönlichkeitsentfaltung und Lektüre bedingen sich gegenseitig«, schreibt die Sprach- und Literaturwissenschaftlerin Gertrud Lehnert in einem Essay über das Lesen (Lehnert 2000).

10.1 Durchführung der Bibliotherapie

Die Lektüre im Rahmen der Bibliotherapie kann einzeln oder in Gruppen erfolgen, sie kann angeleitet sein oder in Form der Selbstlektüre stattfinden. In der Gruppe praktiziert, kann über das Gelesene ein Austausch erfolgen, eine gemeinsame Reflexion, sowohl auf affektiver als auch auf inhaltlicher Ebene. Das Gelesene kann als Grundlage dienen, um einen Zugang zum Eigenen zu erhalten und eigene Ideen und Vorstellungen zu entwickeln. Wie die Autorin Elke Heidenreich sagt, liest sich jeder selbst in jedem Buch und aus dem Lesen erwächst Selbstvertrauen und aus dem Selbstvertrauen der Mut zum eigenen Denken und Handeln (Heidenreich 2005).

10.2 Spezifische Wirkungen der Bibliotherapie

Meist hat die Lektüre eines Textes mehrere Funktionen. Der Protagonist in Ray Bradburys Roman Fahrenheit 451 sagt an einer Stelle:

»Sie (die Bücher) zeigen das Gesicht des Lebens mit all seinen Poren.« (Bradbury 1965)

Der Autor Hans Magnus Enzensberger beschreibt den Akt des Lesens als anarchisch, als die Freiheit, »hin- und herzublättern, ganze Passagen zu überspringen, Sätze gegen den Strich zu lesen, sie misszuverstehen, sie umzumodeln, sie fortzuspinnen und auszuschmücken mit allen möglichen Assoziationen, Schlüsse aus dem Text zu ziehen, von denen der Text nichts weiß, sich über ihn zu freuen, ihn zu vergessen, ihn zu plagiieren, und das Buch, worin er steht, zu einem beliebigen Zeitpunkt in die Ecke zu werfen.« (Enzensberger 1988)

Lesen funktioniert als Moment der Freiheit und zugleich als intimer Akt, als Möglichkeit, bei sich und unter anderen zu sein, sofern das Lesen in der Öffentlichkeit, wie beispielsweise in Bibliotheken oder Cafés, stattfindet.

In der ersten Phase einer Krise, in der es meist besonders schwer fällt, aktiv zu werden, kann das Lesen von Texten, das zunächst nicht so viel Energie verlangt wie das eigene Schreiben oder andere aktive Handlungen, eine wichtige Rolle übernehmen. Es kann informieren, ablenken, beruhigen und trösten, ein Verständnis für die eigene Situation ermöglichen und die Auseinandersetzung mit den eigenen Themen erleichtern.

Literatur kann Modellcharakter besitzen, das heißt, indem man erfährt, wie andere mit Krisen umgehen, kann man selbst Hinweise erhalten, wie man damit zurechtkommen könnte. Nicht nur in Ratgeberliteratur, sondern auch in Romanen, Erzählungen und Gedichten vermag man durch die dargestellten Figuren und Schicksale zu erkennen, dass man mit seinen Problemen, Gedanken und Gefühlen nicht allein ist. Stefan Bollmann schreibt dem Lesen in seinem Buch Frauen, die lesen, sind gefährlich die Bedeutung zu, »sich in die zu Papier gebrachten Empfindungen eines anderen hineinzuversetzen und dabei den Horizont der eigenen Empfindungsmöglichkeiten auszuloten und zu erweitern.« (Bollmann 2005)

Es ist nicht ungewöhnlich, dass die Gefühle in einer Krise zunächst einmal durch die Plötzlichkeit und Heftigkeit des krisenhaften Geschehens blockiert sind und man sich gelähmt und leer fühlt. In diesem Fall können die Worte eines fremden Textes gleichsam wie ein Schlüssel wirken, der zur Öffnung des persönlichen Gefühlsarchivs dient. Vielleicht lassen sich in dem gelesenen Text Worte finden, die sich auf die eigene Situation, das eigene Empfinden anwenden lassen, so dass es leichter fällt, zu artikulieren, was in einem vorgeht. Indem Literatur Konflikte darstellt und Lösungen anbietet, kann sie als Spiegel dienen und den Leser aktivieren, in eigener Sache nach Lösungen zu suchen. Sie kann die Auseinandersetzung mit den eigenen Konflikten einleiten und die Bereitschaft wecken, sich auf sich selbst und die Situation einzulassen. Folgt der Lektüre eine Gesprächsphase, kann das während des Lesens Assoziierte, Akkumulierte und Rekonstruierte kommuniziert werden. Es kommt zum Diskurs, zum intellektuellen Respons auf Affekte; Disparates fügt sich zusammen, Nebensächliches findet Sinn und in prospektiver Deutung kann erfasst werden, was zukünftig möglich ist (Wittstruck 2000).

IV Kunsttherapeutische Forschung

1 Grundsätzliche Überlegungen

Auch wenn die heilende Kraft der Künste bereits in der Antike beschrieben wurde, begann man erst Anfang des 20. Jahrhunderts der therapeutischen Relevanz des künstlerischen Ausdrucks wissenschaftliche Beachtung zu schenken. Seit mehreren Jahren besteht nun ein verstärktes Bemühen, die in medizinischen, psychotherapeutischen und pädagogischen Einrichtungen etablierten kunsttherapeutischen Angebote auf eine wissenschaftliche Basis zu stellen. Hochschulen, Ausbildungs-, Forschungsinstitute und Berufsverbände streben die zunehmende Professionalisierung der Künstlerischen Therapien an, Kostenträger fordern Wirksamkeitsnachweise (Henn und Gruber 2004). Bisher gibt es im Bereich der Künstlerischen Therapien allerdings keinen anerkannten Methodenkanon, der dem herrschenden Forschungsparadigma entspräche, wobei das Forschungsparadigma, von dem hier die Rede ist, eindeutig naturwissenschaftlich ausgerichtet ist und demzufolge den Blick dergestalt einengt, dass mit ihm eine sinnvolle Forschung im Bereich der Künstlerischen Therapien in Frage zu stellen ist.

Da die Künstlerischen Therapien dem klassischen deterministischen Verständnis von Krankheit und Gesundheit, das auf dem Ursache-Wirkungs-Prinzip basiert, ein ganzheitliches salutogenetisches Verständnis gegenüberstellen, das die menschliche Beziehung und den therapeutischen Prozess in den Vordergrund rückt, muss auch die kunsttherapeutische Dokumentation den daraus entstehenden komplexen Wirkzusammenhängen Rechnung tragen und emotionale, soziale, psychologische und somatische Faktoren in ihre Betrachtungen einbeziehen. Das bedeutet nicht, dass monokausale, deterministische Betrachtungsweisen gänzlich abzulehnen wären, sondern vielmehr, dass diese in die komplexen Zusammenhänge des Einzelfalles einzubinden sind. Dennoch kann der von den Kostenträgern geforderte Evidenznachweis in den Künstlerischen Therapien nur im Sinne von Einsicht und Entwicklung eines Individuums verstanden werden und nicht im Sinne einer empirischen Beweisbarkeit, weil sich die Logik der Künstlerischen Therapien fundamental von beispielsweise jener der Pharmakologie unterscheidet. Deswegen muss der Tatsache, dass in den Künstlerischen Therapien subjektive Aussagen oftmals objektive Wirklichkeiten darstellen, auch in der Forschung Rechnung getragen werden (von Engelhardt 2005).

Die Komplexität der kunsttherapeutischen Beziehung und die zahlreichen mit den Künstlerischen Therapien einhergehenden Wirklichkeitskontexte erfordern besondere Parameter für die wissenschaftliche Forschung. Hier sind Forschungs- und Dokumentationsmethoden erforderlich, deren Grundsätze sich in Übereinstimmung mit der kunsttherapeutischen Praxis befinden und für die Kriterien wie Vollständigkeit, Kohärenz, interne Konsistenz und Glaubwürdigkeit ein größeres Gewicht erhalten als empirische Beweisbarkeit (Sinapius und Ganß 2007). Würde die Kunst dem Drängen der Wissenschaft nach empirischer Beweisbarkeit nachgeben, würde sie zugleich einen Teil des künstlerischen Moments ad absurdum führen. Denn analog zum künstlerischen Prozess ist der Freiraum, der Platz lässt für individuelle Vorgehensweisen und Lösungswege, ein ebenso wesentlicher Aspekt kunsttherapeutischer Praxis und Therapie, wie die Offenheit für die Begegnung und den Prozess. Das erschwert es, Evaluationskriterien im Voraus festzulegen, sofern man den künstlerischen und therapeutischen Prozess, der Flexibilität erfordert, nicht gefährden will.

Schon Immanuel Kant bezeichnete die ästhetische Idee als die Vorstellung der Einbildungskraft, die viel zu denken veranlasse, ohne dass ihr ein Begriff adäquat sein könne, die folglich keine Sprache völlig erreiche und verständlich machen könne. Auch die der Kunst immanenten existenziellen Bild- und Grenzerfahrungen liegen oft jenseits der Beschreibbarkeit. Subjektive Bedeutungen einer Krise oder Krankheit, die sich in individuellen Prozessen und Ausdrücken niederschlagen, sind oft schwer zu fassen, so wie sich potenzielle Wirkfaktoren nicht in Hypothesenkonzepte zwängen lassen (Mechler-Schönach 2005).

Der Philosoph und Pädagoge Udo Baer plädiert dafür, die Widersprüchlichkeit zwischen Kunst und Wissenschaft zunächst einmal anzuerkennen und auszuhalten, um sich in einem zweiten Schritt klar zu werden, dass man es im Bereich der Kunst und der Künstlerischen Therapien mit Annäherungen, Vermutungen und Wahrscheinlichkeiten und nicht mit Gewissheiten zu tun hat. Er bezeichnet die in Studien zum Teil notwendigen Verallgemeinerungen und Zuordnungen als dem Verstehen hinderlich, räumt aber zugleich ein, dass wir verallgemeinernde Begrifflichkeiten zur Verständigung benötigen. Der Ausweg aus diesem Dilemma besteht für ihn darin, mit der gebotenen Behutsamkeit vorzugehen, sowohl dem Patienten gegenüber, als auch in der wissenschaftlichen Beschreibung, und zunächst Vorläufiges zu formulieren und konkrete Erfahrungen auszuwerten (Baer 2007).

Allerdings müssen die im künstlerisch-therapeutischen Bereich Tätigen aufgrund des Legitimierungsdruckes, dem die Künstlerischen Therapien in Hinsicht auf die Wirksamkeit in der aktuellen gesundheitspolitischen Diskussion ausgesetzt sind, dem wissenschaftlichen Ansatz Beachtung schenken und dementsprechende Untersuchungen durchführen, sofern sie bestrebt sind, sich innerhalb der Medizin zu etablieren. Csíkszentmihályi äußert zu Recht, dass heutzutage eine Domäne, in der Ergebnisse messbar sind, Vorrang erhält vor einer Domäne, in der diese Möglichkeiten nicht bestehen, da man messbare Dinge für real hält, während man Dinge, von denen man nicht weiß, wie man sie messen soll, ignoriert (Csíkszentmihályi 1997).

Dass es sich bei der Gestaltung kunsttherapeutischer Untersuchungen vorerst um eine Suchbewegung handelt, ist selbstredend. Die Intensivierung wissenschaftlicher Forschung innerhalb der Künstlerischen Therapien und in interdisziplinären Projekten ist jedoch die Grundlage für eine stringente Berufspolitik und die professionelle Anerkennung im Rahmen des Gesundheitswesens. Im März 2008 begann in Kooperation zwischen der Hochschule für Kunsttherapie Nürtingen, der Fachhochschule Ottersberg und der Universität Witten/Herdecke, der Aufbau einer web-basierten umfassenden internationalen fachspezifischen Literaturdatenbank für Künstlerische Therapien mit dem Namen Arthedata (Elbing 2009).

2 Naturwissenschaftliche Forschung

Der Goldstandard in der medizinischen Forschung wird als Evidence-based-Medicine (EbM) bezeichnet und kommt ursprünglich aus der Medikamentenforschung. Diese Art der Forschung dient in erster Linie der Wirksamkeitsprüfung einer Maßnahme und zielt in ihrer Untersuchungshaltung und Anspruchlichkeit auf Reproduzierbarkeit und Objektivität.

In der EbM werden abgegrenzte Einzelfaktoren bezogen auf abgegrenzte Symptome unter streng kontrollierten (Labor-)Bedingungen untersucht. In der Regel wird in einer so genannten Fall-Kontroll-Studie eine Behandlungs- mit einer Kontrollgruppe verglichen. Die Kontrollgruppe dient dabei dem Nachweis, dass eine Therapie besser wirkt als eine andere oder gar keine Therapie (Placebogruppe). Zur Wirksamkeit einer Therapie an sich oder zu einzelnen Wirkfaktoren einer spezifischen Therapie lassen sich durch eine Kontrollgruppe hingegen keine Aussagen machen.

Die Gruppe, an der eine Therapie untersucht wird, ist meist eine Teilgruppe aus einer Gesamtheit, und in der Auswertung werden die erhobenen Daten dann als Stichprobe dieser Gesamtheit aufgefasst (Kohortenstudie). Danach werden mittels inferenzstatistischer Methoden Beziehungen zu allgemeingültigen Aussagen hergestellt.

Damit der Behandler nicht bereits bei der Zuteilung eine möglicherweise unbewusste Auswahl trifft, werden die Teilnehmer einer Studie der Behandlungs- und Kontrollgruppe nach dem Zufallsprinzip zugeteilt. Dieses Verfahren wird als Randomisierung bezeichnet.

Um den Grad der Beeinflussung noch weiter zu minimieren, kann man eine so genannte Doppelblindstudie durchführen, was bedeutet, dass weder der Behandler noch der Patient wissen, zu welcher Gruppe sie gehören, das heißt, ob sie ein wirksames Medikament oder ein Placebo erhalten. Damit soll eine mögliche Suggestivwirkung, sowohl auf Seiten des Behandlers als auch auf Seiten des Patienten, vermieden werden.

Die Behandlung in der EbM ist streng standardisiert und enthält detaillierte Therapievorgaben. Meist werden die Teilnehmer vor und nach der Behandlung (Prä-/Post-Studie) mit einer umfassenden Testbatterie eingeschätzt. Die Zielergebnisse werden dann operationalisiert, wobei die errechnete Effektstärke nicht zuletzt von der statistischen Diskriminierungsfähigkeit abhängt, die nicht unbedingt etwas mit dem tatsächlichen Heilungserfolg zu tun haben muss.

Messungen in der EbM sind häufig quantitativer Natur und erfassen alles, was sich zählen oder auf Skalen abbilden lässt. Quantitative Messungen bieten sich also in erster Linie für Untersuchungen an, in denen mess- und quantifizierbare Größen den Hauptuntersuchungsgegenstand darstellen, wie beispielsweise in der Erfassung der Wirksamkeit eines blutdrucksenkenden Medikamentes, bei dem man anhand des wiederholt gemessenen Blutdrucks die Wirksamkeit des Medikaments prüfen kann.

Durch die streng standardisierten, statistischen Verfahren, die quantitativen Messungen, die geschlossenen Kategoriensysteme, die Kontrollgruppen und die Randomisierung sollen in der Evidence-based-Medicine möglichst viele Unberechenbarkeiten und Störfaktoren, die man auch als Bias (Verzerrung) bezeichnet, ausgeschaltet werden, damit diese das Ergebnis nicht verfälschen.

3 Kunsttherapeutische Forschung

Das Vorgehen der Evidence-based-Medicine kann nur einen kleinen Ausschnitt therapeutischer Wirkungen erfassen und am wenigsten die in kunsttherapeutischen Verfahren so unerlässliche personale Beziehung zwischen Therapeut und Klient. An dem transpersonalen Geschehen, von dem kunsttherapeutische Verfahren nicht getrennt werden können, ist genau genommen nichts objektivier- und reproduzierbar; in den Künstlerischen Therapien gestalten Individualitäten einen Prozess, der nicht wiederholt werden kann und niemals gleich abläuft.

Der wissenschaftlichen Vermessung und Exaktheit, die zunehmend von den Künstlerischen Therapien gefordert wird, stehen die Komplexität der Therapieform, die menschliche Psyche und das Prozesshafte der Kunst und des Lebens gegenüber. Eine lineare Kausaliät kann und wird es in diesem Bereich nicht geben. Es stellt sich also die Frage nach einer kunstgerechten Forschung und der ihr zugrunde gelegten Methoden, beziehungsweise Methodenvielfalt.

3.1 Art based Research

Zur Erfassung psychischer Vorgänge, die nicht in gleicher Weise messbar sind wie beispielsweise physiologische Prozesse, ist ein quantitatives Vorgehen in Frage zu stellen. Es gibt zwar Bemühungen, psychisches Leiden oder Wohlbefinden mittels standardisierten Testbögen, die über eine Skaleneinteilung verfügen, quantifizierbar zu machen, aber angesichts der Komplexität der Psyche und der Vielfalt der Lebenszusammenhänge, in denen der Mensch sich befindet, geraten diese Verfahren an ihre Grenzen. Quantitative Messungen sind im Bezug auf den Klienten und die therapeutische Methode in gewisser Weise immer reduktionistisch. Dennoch haben sie in den Künstlerischen Therapien durchaus ihre Berechtigung, sofern man versucht, einzelne, isolierte Faktoren zu untersuchen und Tendenzen aufzuzeigen.

Der Variabilität und Komplexität der menschlichen Psyche und der Künstlerischen Therapien kommen qualitative Messverfahren allerdings eher entgegen, wobei man einen solchen qualitativen Ansatz nicht als beliebig missverstehen darf. Auch dem qualitativen Ansatz liegen nachvollziehbare Annahmen und Voraussetzungen zugrunde, die es zu definieren und festzuhalten gilt.

Der Kunsttherapeut Shaun McNiff fordert für die Künstlerischen Therapien eine Untersuchungsmethode, die er als Art-based-Research (AbR) bezeichnet und die Erfahrungselemente aus den Künstlerischen Therapien als Weg nutzt, die Bedeutung dessen zu verstehen, was in der Praxis geschieht (McNiff 1998).

Die Musiktherapeutin Rosemarie Tüpker plädiert dafür, dem Begriff des wissenschaftlich Anerkannten den des kulturell Erstrebenswerten gegenüberzustellen. »Wird das Gesundheitssystem ausschließlich dem Primat der Wissenschaftlichkeit unterstellt, so führt das durch die dieser Gestalt immanenten Logik zu einer Funktionalisierung des Menschen, gerinnt Behandlung zum optimierten Reparatursystem.« (Tüpker 2002)

David Aldridge, der am Institut für Musiktherapie einen Lehrstuhl für qualitative Forschung hat, sieht die Stärken des qualitativen Ansatzes darin, dass in ihm Gesundheit als Prozess begriffen wird, als gelebte Erfahrung, die interpretierbar, veränderlich und subjektiv ist. Eine rein quantitative Forschung hingegen stellt in seinem Verständnis eine Verneinung der in den Künstlerischen Therapien eine große Rolle spielenden Ästhetik dar, die sich nicht quantifizieren lässt (Aldridge 2007).

Wie für die Evidence-based-Medicine beschrieben, sind Kontrollgruppen immer dann sinnvoll, wenn eine Therapie mit einer anderen oder gar keiner Therapie verglichen werden soll. Da Patienten, die in Kliniken kunsttherapeutisch betreut werden, sich meist zusätzlich in anderen Therapien befinden, würde in diesem Fall eine Therapie zwangsläufig mit einer anderen verglichen, was keinen Sinn ergibt, da die meisten parallel laufenden Therapien nicht konkurrierend, sondern additiv sind. Würde man hingegen eine Kontrollgruppe wählen, die sich nicht in der Klinik befindet, erhielte man ebenfalls unklare Ergebnisse, weil man beispielsweise Aspekte wie Atmosphäre, Geborgenheit und Versorgungssituation außer Acht lassen würde.

Auch die in pharmakologischen Untersuchungen praktizierte Randomisierung ist in Künstlerischen Therapien fragwürdig, da man Patienten nur schwerlich nach dem Zufallsprinzip einer bestimmten Künstlerischen Therapie zuordnen kann, zumal die Zuordnung zu einer Therapie den Neigungen und Möglichkeiten, Aversionen und Vorlieben der Patienten Rechnung tragen muss, weil die Wirksamkeit Künstlerischer Therapien unter anderem von der Bereitschaft, Motivation und Mitarbeit der Patienten abhängt. Dass eine Doppelverblindung in den Künstlerischen Therapien unmöglich ist, muss nicht gesondert erklärt werden. Und was in der EbM als Bias gilt und damit zu vermeiden ist, ist in den Künstlerischen Therapien im Allgemeinen kein Artefakt, sondern wesentlicher Bestandteil der Therapie. Suchte man die zwischenmenschliche Beziehung in der wissenschaftlichen Betrachtung Künstlerischer Therapien als Störfaktor auszuschalten, würde gerade dies das Ergebnis verfälschen (Fäth 2007).

3.1.1 Kontrollierte Subjektivität statt Objektivität

Subjektivität ist nahezu eine Bedingung und Grundlage kunsttherapeutischer Praxis und steht damit scheinbar im Widerspruch zu den Forderungen der Evidence-based-Medicine nach Reproduzierbarkeit und Objektivität. Da es sich bei der Subjektivität also um ein grundlegendes Element Künstlerischer Therapien handelt, müssen die subjektiven Bedingungen des kunsttherapeutischen Handelns – wie beispielsweise der

Standpunkt des Therapeuten, seine Erfahrungen, sein künstlerischer und weltanschaulicher Hintergrund – als Bestandteil der Dokumentation Künstlerischer Therapien verstanden werden, will man dem Gegenstand der Forschung und dem Anspruch der Wissenschaftlichkeit gerecht werden (Sinapius und Ganß 2007).

Der Musikprofessor und Leiter des niederländischen Forschungsinstitutes für kunsttherapeutische Verfahren Henk Smeijsters postuliert, dass die in den Künstlerischen Therapien gemachten subjektiven Erfahrungen von Therapeut und Patient zusätzlicher methodologischer Regeln bedürfen, um als subjektiv registriert zu werden (Smeijsters 2003).

Tüpker spricht in diesem Zusammenhang von einer kontrollierten Subjektivität, die eine nicht zu erreichende Objektivität sinnvoll ersetzen kann. Wirksame Mittel, um eine kontrollierte Subjektivität zu erreichen, sieht sie in Lehrtherapien und Supervisionen. Eine kontrollierte Subjektivität, die explizit in die Untersuchung einbezogen wird und der Erkenntnisgewinnung dient, so Tüpker, erfordert vom Untersucher Selbsterfahrung, therapeutische Erfahrung und einen Einübungsprozess, der bestimmte Wahrnehmungen überhaupt erst ermöglicht (Tüpker 2002).

3.1.2 Nachvollziehbarkeit statt Reproduzierbarkeit

Das herrschende Forschungsparadigma in der EbM fordert die Reproduzierbarkeit eines Versuches zu jeder Zeit, an jedem Ort und unabhängig vom Untersucher. Aus dem bisher Geschriebenen ergibt sich, dass eine solche Forderung in den Künstlerischen Therapien Unsinn ist, weil Patient, Therapeut und das, was sich zwischen ihnen ergibt, absolut einzigartig und dadurch eben gerade nicht reproduzierbar ist.

Um der Forderung der Überprüfbarkeit, die dem Wunsch nach Reproduzierbarkeit innewohnt, in den Künstlerischen Therapien dennoch nachzukommen, könnte eine Dokumentation gewählt werden, die den Prozess nachvollziehbar macht. Tüpker schreibt: »Nachvollziehbarkeit kann gewährleistet sein durch eine Darstellung, die dem Entwicklungsprozess Schritt für Schritt folgt, auf eine Ganzheit bezogen ist, die klar umgrenzt und als solche benannt ist, die im Aufzeigen von Gliedzügen Phänomene als wirkende Ganzheiten verstehbar macht, deren Regulationen eine Rekonstruktion der Phänomene verdeutlichen und die in sich psychologisch stimmig ist, so daß aus ihr heraus Veränderungen, Stillstand, Chancen und Grenzen verstehbar werden.« (Tüpker 2002)

3.1.3 Empirie in den Künstlerischen Therapien

Als empirisch gilt in der Regel jeder Erkenntnisgewinn, der von Erfahrung ausgeht. Dies klingt zunächst nach einem geeigneten Verfahren für die kunsttherapeutische Forschung, spielen doch gerade in den Künstlerischen Therapien Wahrnehmung, Beobachtung und Erfahrung eine große Rolle. Doch leider wurde der Empiriebegriff durch eine Beinahe-Gleichsetzung mit dem Begriff des Experimentes dergestalt eingeengt, dass er von der Beobachtung von Objekten unter kontrollierten (Labor-)Bedingungen ausgeht, die in der kunsttherapeutischen Praxis weder gegeben noch wünschenswert sind.

Um den Begriff der Empirie für die kunsttherapeutische Forschung wieder fruchtbar zu machen, bedarf es einer wissenschaftlichen Darstellung, die Verhalten und Erleben durch eine genaue Erfahrungsbeschreibung sichtbar macht. Es bedarf einer klaren Hypothesenbildung und deutlicher explizit beschriebener Rahmenbedingungen, die nachvollziehbar machen, auf welchem Hintergrund die genannten Erfahrungen gemacht wurden, wobei Erfahrung in diesem Zusammenhang einen Prozess der Einübung meint, der lehrtherapeutisch begleitet und supervidiert werden sollte (Tüpker 2002).

3.2 Mögliche kunsttherapeutische Forschungsansätze

3.2.1 Narrative Dokumentation

Eine den salutogenetischen Kriterien gerecht werdende Dokumentationsmethode könnte eine narrative, deskriptive, qualifizierte Einzelfallforschung sein. Unter narrativer Dokumentation versteht man einen Bericht, den ein Arzt oder Therapeut nach einer Behandlung verfasst, um die Behandlung, den Verlauf und mögliche Wirkungen zu dokumentieren. Sie ist eine bewährte Forschungsmethode, wenn es darum geht, den Einfluss der Therapeuten-Patienten-Interaktion angemessen zu berücksichtigen.

Die narrative Dokumentation, die in Analogie zur Evidence-based-Medicine (EbM) als Narrative-based-Medicine (NbM) bezeichnet werden könnte, ermöglicht eine multiple Perspektive (Knill 2007), hat allerdings den Nachteil, dass die einzelnen Dokumentationsformen oft stark differieren, sowohl was den Ansatz und die Perspektive als auch die Qualität betrifft, so dass eine Vergleichbarkeit und fallübergreifende Evaluation erschwert wird, was jedoch nicht gegen diese Art der Dokumentation spricht, sondern nur besagt, dass man bestimmte Dokumentationskriterien entwickeln sollte, um die Ergebnisse vergleichbar zu machen.

Ein weiterer in der narrativen Dokumentation zu berücksichtigender Faktor ist, dass das Erleben des Arztes und des Patienten oft stark differieren. Diesem Aspekt könnte man Rechnung tragen, indem man den Patienten ebenfalls einen Rückblick auf die Behandlung schreiben lässt. Zu diesem doppelten, narrativen Verfahren äußert Petersen sich wie folgt: »Ich halte die aktive Mitarbeit von Patienten bei wissenschaftlichen Darstellungen für ein überaus wirksames Mittel. Denn es macht anschaulich, bringt beide Seiten ins Spiel, ist überzeugend, auch bezüglich der Wirksamkeit.« (Petersen 2007)

Detlef Garz und Klaus Kraimer, die sich mit qualitativ-empirischer Sozialforschung beschäftigen, postulieren, dass künstlerische Ansätze ihre Kraft aus der narrativen Darstellung beziehen. Da sich diese Form der Dokumentation allerdings am weitesten von vorliegenden Standards entferne und die Grenze zur literarischen Beschreibung fließend sei, müsse die methodische Absicherung über Kriterien wie Vollständigkeit, Kohärenz, innere Konsistenz, sowie Glaubwürdigkeit erfolgen (Garz und Kraimer 1991).

In der narrativen Dokumentation ist der Kunsttherapeut Teil des Prozesses, den er beschreibt, so dass die Dokumentation keine reine Beschreibung des therapeutischen Prozesses ist, sondern immer zugleich Elemente der Selbstreflexion enthält. Dadurch erhält die narrative Dokumentation einen ausgeprägt subjektiven Charakter und eine eigene ästhetische Form, die jedoch der Forderung nach Nachvollziehbarkeit keinen Abbruch tun muss, sondern in ihrem Dienste stehen kann, da die subjektive Darstellung eine angemessene Form der Darstellung für einen subjektiven Prozess ist, der innerhalb einer subjektiven Beziehung in einem subjektiv gestalteten Raum stattfindet und zu einer subjektiven Gestaltung führt. Die Subjektivität der narrativen Prozessdokumentation wäre also dem Gegenstand, den sie zu beschreiben versucht, angemessen und entspräche somit im weitesten Sinn der Forderung Tüpkers nach einer eigenen wissenschaftlichen Gegenstandsbildung in den Künstlerischen Therapien, die vorerst, aufgrund der aktuellen Forschungslage, nur von Einzelfällen ausgehen kann (Tüpker 2002).

Der Kunsttherapeut Michael Ganß weist darauf hin, dass die narrative Dokumentation es ermöglicht, dass sich sowohl am Prozess beteiligte als auch außenstehende Forscher über ihr subjektives Erleben des therapeutischen Geschehens austauschen können. Komme es dabei zu übereinstimmenden Wahrnehmungen bestimmter Elemente des therapeutischen Prozesses, so könnten diese als intersubjektiv betrachtet werden. Wie Harald Gruber spricht auch Ganß von einer Interraterreabilität, die therapeutische Prozesse nicht nur nachvollziehbar, sondern auch vergleichbar macht und die zwangsläufig vorhandene Subjektivität zwar nicht zur Objektivität, aber doch zu einer einschätzbaren und relativen Größe werden lässt. Deswegen rät Ganß dazu, statt von Objektivität, die in Künstlerischen Therapien weder erreichbar noch wünschenswert ist, von einer verlässlichen Intersubjektivität zu sprechen (Ganß 2008a).

3.2.2 Ästhetik der Sprache

In der narrativen Dokumentation bemüht sich der Therapeut, der zum Forscher wird und zugleich als handelndes und emotionales Wesen am Prozess beteiligt ist, den kunsttherapeutischen Prozess in schriftlicher Form nachzuvollziehen. Die Dokumentation, die in der Regel aus der Erinnerung erfolgt, ist also ein aktiver und kreativer Prozess, der eigenen ästhetischen Gesetzen folgt, die unter anderem vom sprachlich-ästhetischen Empfinden des Beschreibenden beeinflusst werden. Dabei verfertigt sich der Text in einem sich immer wieder verändernden Gestaltungsprozess, in dem sich Erinnerung und Reflexion abwechseln und durch Deutung und Imagination ergänzt werden. Die am Ende stehende Dokumentation ist auf das Engste mit dem Schreibenden verbunden und in hohem Maße abhängig von dessen Wahrnehmung, Beobachtungsgabe, Erfahrung, Erinnerungsfähigkeit und Ausdrucksvermögen, seinem schöpferischem Potenzial und seinen ästhetischen Vorstellungen (Ganß 2008a).

Peter Sinapius sieht in der Kongruenz der Form der Darstellung mit den kontextuellen und interaktiven Bedingungen der Situation, die sie zum Gegenstand hat, ein wesentliches Qualitätskriterium kunsttherapeutischer Dokumentation. Zur Darstellung künstlerischer und dialogischer Prozesse scheint ihm eine bildhafte Sprache angemessen, weil nur mittels einer Sprache, die Bilder erzeugt, komplexe und interaktive Umstände einer Situation rekonstruierbar sind. Er postuliert, dass sich sprachlich-bildnerische Darstellungen besonders zur Rekonstruktion von Handlungen und Situationen eignen, in denen es um ästhetische Prozesse und menschliche Beziehungen geht. Bezugnehmend auf den Paradigmenwechsel in den Kunst-, Kultur- und Bildwissenschaften verweist er auf die Anknüpfung der bildlich-sprachlichen Darstellung an das Sinnliche, das in ästhetischen Handlungen und im kunsttherapeutischen Kontext erfahrbar wird, so dass sich die Form der Dokumentation mit ihrem Gegenstand im Einklang befindet. Als Erzählung lässt sie das Bild, das sich durch sie vermittelt, im neuen Kontext der Sprache wieder aufleben. Die von Sinapius beschriebene Form wissenschaftlichen Vorgehens weist eine unübersehbare Nähe zur künstlerischen Gestaltung auf, da sie sich ebenso wie diese über die Darstellung sinnlicher Erfahrungen und Bilder vermittelt. Für Sinapius ist das durch die Dokumentation vermittelte Bild dann »wahr«, wenn das, wofür es steht, darin zu erkennen ist (Sinapius 2008a).

3.2.3 Bildinterpretationen

Der häufig an die Künstlerischen Therapien gerichtete Vorwurf der Subjektivität gilt insbesondere im Bereich der Bildinterpretation, die oft als beliebig, unwissenschaftlich und wenig nachvollziehbar bezeichnet wird. Auf die vorwurfsvolle Frage eines Kollegen: »Ist das, was ihr in den Bildern seht und beschreibt nicht völlig subjektiv«, gibt der Arzt und Kunsttherapeut Harald Gruber folgende Antwort: »Ja, hoffentlich ist es subjektiv, sonst wäre ich als Beobachter ja gar nicht nötig.« (Gruber 2006)

Diese Antwort öffnet mehrere Denkrichtungen. Zum einen klingt darin die immer wieder betonte, gewünschte und notwendige Subjektivität an, die Teil des Behandlungskonzeptes der Künstlerischen Therapien ist, und zum anderen wird deutlich, wie entscheidend die Person des Behandlers für die Behandlung ist. Weiterhin zeigt sich darin die Einstellung, dass Therapie immer und unbedingt unter einem menschlichen Diktum durchgeführt werden sollte, was sich vom Erstkontakt über die Diagnose, die Therapie, bis zur Nachbetreuung erstreckt, weswegen die Bildanalyse keinem vermeintlich objektiven Computer überlassen werden kann, der letztlich so subjektiv auswertet, wie Menschen ihn zuvor programmiert haben.

3.2.4 Kausalerkennen am Einzelfall

Neben dem statistischen Ansatz der Evidence-based-Medicine, der von einer linearen Kausalität ausgeht, gibt es einen erkenntnistheoretischen Zugang zum Kausalerkennen, der darauf aufbaut, dass sich die Gestalt einer Ursache in der Gestalt der Wirkung wiederfindet. Diese Übereinstimmung könnte man als Abbildcharakter bezeichnen, der ein ebenso zuverlässiger Hinweis auf das Vorliegen von Kausalität ist, wie die überzufällige Häufigkeitskorrelation einer statistischen Methode.

Diese Form des Kausalerkennens, die sich besonders für die Beschreibung von Einzelfalldarstellungen eignet, gründet dann, statt auf statistischer Korrelation, auf der so genannten abbildenden Korrespondenz, wie Helmut Kiene sie beschreibt: »Während beim statistischen Experiment die Ergebnisse desto verlässlicher sind, je einfacher der Zusammenhang, steigt beim abbildenden Experiment die Erkenntnissicherheit mit der Komplexität der Abbildung.« (Kiene 2002)

Da wir es in den Künstlerischen Therapien gerade mit dieser Komplexität zu tun haben und beide Forderungen, der des Abbildcharakters und der des eigenaktiven Produzierens, erfüllt sind, erscheint das von Kiene beschriebene Verfahren zur Einzelfalldarstellung in den Künstlerischen Therapien besonders geeignet.

3.2.5 Cognition-based-Medicine

Unter Cognition-based-Medicine (CbM) versteht man ein methodologisches System, in dem Aussagen über Einzelpatienten höher bewertet werden, als dies in der Evidence-based-Medicine bei kontrollierten Einzelfallstudien der Fall ist. Die CbM beruft sich auf Arbeiten von Karl Duncker zur Gestalttheorie aus den 30er Jahren des 20. Jahrhunderts. Im Verständnis der CbM ist die Wirksamkeit eines medizinischen Verfahrens an die beobachtende Person gebunden, und der Einfluss des Beobachters auf das Geschehen wird nicht als Störung, sondern als Bereicherung gewertet. Damit erweist sich die CbM als ein Erkenntnis- und Forschungsinstrument, das auf interner Evidenz aufbaut und eine individualisierte Forschung und Therapie ermöglicht.

Wie bei der Methode der abbildenden Korrespondenz handelt es sich bei der CbM um eine gestaltorientierte Methode, die von einem Prozess mit Anfang und Ende ausgeht und der Annahme einer in sich geschlossenen Prozessgestalt. Durch diese wird erkennbar, dass etwas Vorhergehendes (Therapie) die Ursache für etwas Nachfolgendes (Wirkung, Besserung, Therapieerfolg) ist.

Anhand dieses Prozesscharakters wäre die Kausalgestalt besonders geeignet, den Behandlungsverlauf Künstlerischer Therapien zu erfassen, darzustellen und zu beurteilen. Dafür schlägt Kiene ein in drei Stufen gegliedertes Studiendesign vor. Auf der ersten Stufe erfolgt eine Wirksamkeitsbeurteilung am Einzelfall, auf der zweiten eine Erfolgsbeurteilung an der Kohorte und zuletzt ein Vergleich der auf diese Weise gewonnenen Erfahrungsergebnisse (Kiene 2002 und 2005).

V Praxisbezogene Anwendungen

1 Einführung

Aus dem bisher Geschriebenen ergibt sich, dass bei dem in diesem Buch favorisierten intermedialen kunsttherapeutischen Ansatz verschiedene Methoden und Medien entweder simultan eingesetzt werden oder so, dass sie ineinander übergehen. Der Zweck dieses Vorgehens besteht darin, durch den intermedialen Einsatz möglichst viele menschliche Sinne (multimodal) anzusprechen, um Erinnerungen auf vielfältige Weise zu stimulieren und ganzheitliche Erfahrungen zu ermöglichen, die die Vernetzung der Sinne (intermodal) fördern und zur Heilung im ganzheitlichen Sinn beitragen.

Da der Mensch ein denkendes, fühlendes und sich ausdrückendes Wesen ist, dessen Gesundheit unter anderem von der Balance zwischen Körper, Seele und Geist abhängt, ergibt sich die Forderung, diese Bereiche gleichermaßen in die Therapie einzubeziehen und zwar möglichst gleichzeitig und auf sinnlich erlebbare Weise. Erfahrungen, die zu ungünstigen Ausrichtungen geführt haben, wurden in der Regel ebenfalls auf mehreren Ebenen gemacht, so dass ein Erinnern, Durcharbeiten und Umstrukturieren dieser Erfahrungen umso besser gelingt, je vollständiger die Erfahrungen erinnert, erlebt und verändert oder integriert werden.

Weil es in den Künstlerischen Therapien immer auch um ein Gewahrsein geht, ein Sein im Augenblick, ein Wachsein für den eigenen Körper, die eigenen Gedanken, Gefühle, Empfindungen und Wahrnehmungen, haben sich Übungen, die die Achtsamkeit schulen, ebenso bewährt, wie Übungen, die die Sinne auf verschiedenen Ebenen zugleich ansprechen. Ein integrales Ziel der Intermedialen Kunsttherapie ist das

Erreichen von Bewusstheit, sowohl für den eigenen Körper und Geist, als auch für die Umwelt und Mitmenschen und das, was geschieht. Dabei richten sich die in der Therapie gestellten Anforderungen in erster Linie nach der Verfassung des Patienten, seinen Fähigkeiten und Ressourcen. Methodenwechsel und -übergang und paralleler Methodeneinsatz müssen auf die Möglichkeiten des Patienten zum jeweiligen Zeitpunkt abgestimmt werden.

Die im Folgenden aufgeführten Übungen dienen nur der Veranschaulichung, wie ein intermedialer Ansatz umgesetzt werden könnte. Selbstverständlich lassen sich die Übungen je nach Bedarf verändern, erweitern oder neu erfinden. Welche Übung zu welchen Zeitpunkt am besten geeignet ist, hängt von zahlreichen Einzelfaktoren ab, wie zum Beispiel dem Therapierahmen, dem Raum, der Zeit, einer Gruppen- oder Einzeltherapie, dem Stand der Entwicklung, den Voraussetzungen und Möglichkeiten des Patienten und Therapeuten, der Beziehungsstruktur, der Vertrauensbasis und den tagesaktuellen Gegebenheiten. Damit sind nur einige Einflussgrößen genannt, die allerdings verdeutlichen, dass nicht jede Übung zu jedem Zeitpunkt geeignet ist, sondern es dem Kunsttherapeuten obliegt, die zum jeweiligen Zeitpunkt passenden Medien auszuwählen und in sinnvoller Weise miteinander zu verschränken.

Da in den meisten therapeutischen Einrichtungen aufwändige technische Anlagen nicht vorhanden sind, zuweilen nicht einmal Räume zur Verfügung stehen, wurde in den Übungen darauf geachtet, dass sich diese ohne großen räumlichen und finanziellen Aufwand durchführen lassen. Ein paar Rhythmus- und Perkussionsgeräte kann sich jeder Therapeut anschaffen, da diese nicht besonders teuer und überdies einigermaßen leicht zu transportieren sind. Auch Malmittel lassen sich problemlos und kostengünstig besorgen oder sind in vielen Einrichtungen bereits vorhanden. Ton, Gips und Speckstein sind ebenfalls Materialien, die sich ohne große Kosten und großen Aufwand einsetzen lassen; das Werkzeug für die Bearbeitung der Materialien liegt in einer bezahlbaren Größenordnung und muss nur einmal als Grundausstattung angeschafft werden.

So wie jeder Patient im Lauf der Zeit herausfindet, mit welchen Mitteln und Medien er am besten arbeiten kann, wird auch jeder Therapeut Mittel und Methoden finden, die ihm mehr liegen als andere.

Auch kann sich der Therapeut zu Beginn der Tätigkeit auf einige Methoden beschränken und diese so lange einüben, bis er sie sicher beherrscht, um dann, mit zunehmender Praxis und Erfahrung, das eigene Methodenrepertoire fortlaufend zu erweitern.

Selbstverständlich wird bedacht und respektiert, dass jede Künstlerische Therapie ihre ganz eigenen Aspekte hat, die allerdings aus den bereits genannten Gründen leider nicht alle zur Gänze berücksichtigt werden können. Das soll weder abwerten noch schmälern. Es spricht natürlich nichts dagegen, sich für die Spezialisierung in einer Künstlerischen Therapie zu entscheiden und in dieser eine Vertiefung anzustreben. Man sollte allerdings dabei immer bedenken, dass dies nicht zu einer ebensolchen Zergliederung innerhalb der Künstlerischen Therapien führt, wie man sie aus der klassischen Schulmedizin kennt.

Weiterhin ist es selbstverständlich, dass kein Therapeut innerhalb der oft engen therapeutischen Rahmenbedingungen in Klinik und Praxis alle Medien und Methoden wird einbringen und einsetzen können. Im klinischen und praktischen Alltag müssen zahlreiche Kompromisse eingegangen werden, so dass in den meisten Therapieeinheiten immer nur einige Medien und Methoden aus der breiten Medien- und Methodenpalette aufgegriffen und angewendet werden können.

Kompromisse müssen leider meist auch in Hinblick auf die Patientenbetreuung eingegangen werden, gerade was die in vielen Kliniken anzutreffende kunsttherapeutische Gruppensituation angeht. Oft sind die Gruppen zu groß und inhomogen, als dass man allen Teilnehmern genügend Raum, Zeit und Aufmerksamkeit zukommen lassen könnte. Dennoch ist es die Aufgabe des Therapeuten, einen angemessenen Umgang mit den Bedingungen und Schwierigkeiten zu finden und im Rahmen des Möglichen zum Wohle des Patienten zu agieren. Dass jeder dabei einen ganz eigenen Umgang mit den Gegebenheiten finden muss und wird, versteht sich von selbst. Es ist immer hilfreich, sich mit Kollegen auszutauschen und wechselseitig Anregungen zu geben.

Als eine solche Anregung dienen die folgenden Übungen, die sich individuell einsetzen und verändern lassen. Bereits bei der Auswahl der Materialien, die in den Übungen nur exemplarisch beschrieben werden, kann eine ganz eigene Entscheidung getroffen werden, die Auswirkungen auf die Therapie, die involvierten Menschen und den therapeutischen Prozess hat.

2 Übungsbeispiele

2.1 Mein Leben in Farbe

Material: Malmittel, Schreibutensilien

Bewegungsphase: Die Übung beginnt damit, dass die Teilnehmer sich zehn Minuten lang bewegen. Zunächst erfolgt die Bewegung in der von jedem Teilnehmer an diesem Tag und zu diesem Zeitpunkt als angenehm empfundenen Geschwindigkeit. Dann bewegen sich die Teilnehmer zunehmend langsamer, bis sie Zeitlupentempo erreichen und schließlich in der Bewegung einfrieren. Aus diesem Zustand heraus bewegen sich die Teilnehmer wieder schneller, wobei sie die Geschwindigkeit stufenweise steigern, bis sie ihre Bewegungen als hektisch und anstrengend erleben. Es folgt ein Innehalten und Erinnern der einzelnen Bewegungen und Geschwindigkeiten. Den Abschluss der Bewegungsphase bildet eine zweiminütige Sequenz, in der sich die Teilnehmer in der Geschwindigkeit bewegen, die ihnen am Ende der Übung am angenehmsten ist. Diese vergleichen sie mit der ursprünglichen, selbst gewählten Ausgangsgeschwindigkeit.

Malphase: Im Anschluss an die Bewegungs- folgt eine Malphase, in der die Teilnehmer unter Berücksichtigung der zuvor gemachten Bewegungs- und Geschwindigkeitsempfindungen ihr bisheriges Leben malen. Als Malangebot kann folgender Vorschlag gemacht werden: »Beginnen Sie damit, eine Linie zu ziehen, die Ihr bisheriges Leben symbolisieren könnte. Die Linie muss nicht gerade sein, sie kann aufwärts oder abwärts führen, unterbrochen oder doppelt sein. Sie können die Linie mit verschiedenen Farben und Stiften malen. Markieren Sie unter der Linie Jahreszahlen oder Ihr Lebensalter. Betrachten Sie aufmerksam das Ende der Linie, Ihre aktuelle Situation. Dann zeichnen Sie die Linie in die Zukunft; wie könnte sie weitergehen oder wie würden Sie sich wünschen, dass Sie weitergeht« (Heimes 2008). Trotz des Malvorschlages ist zu betonen, dass es den Teilnehmern völlig freigestellt ist, wie sie ihr Bild gestalten. Der Vorschlag basiert lediglich auf der Erfahrung, dass die Übung ohne Anleitung zuweilen zu Überforderung und Verunsicherung führen kann. Ist zu beobachten, dass die Teilnehmer von alleine in die Gestaltung ihres Bildes finden, entfällt der Malvorschlag.

Kontemplationsphase: Nach Abschluss der Malphase, die – je nach

Kapazität der Teilnehmer und Rahmenbedingungen – eine halbe bis ganze Stunde in Anspruch nehmen kann, folgt eine Phase, in der die Teilnehmer zur Ruhe kommen, ihr Bild betrachten und auf die sich dabei einstellenden Gedanken und Gefühle achten.

Schreibphase: Ohne Besprechung gehen die Teilnehmer direkt vom Malen ins Schreiben über, wobei sie frei – vielleicht nur stichpunktartig – alles notieren, was ihnen einfällt. Die Schreibphase sollte nicht länger als zwanzig Minuten dauern, wobei den Teilnehmern deutlich gemacht werden sollte, dass von ihnen kein fertiger Text erwartet wird.

Besprechungsphase: In der Besprechungsphase geben die Teilnehmer ihre Gedanken, Gefühle und Eindrücke zu allen drei Phasen kurz wieder. An dieses »Blitzlicht« schließt sich die Betrachtung und Besprechung der Bilder an, sofern die einzelnen Teilnehmer dies wünschen. Nach der Bildbesprechung kann jeder, der möchte, seinen Text vorlesen und sich ein Feedback von den anderen Teilnehmern und dem Gruppenleiter erbitten.

2.2 Freies Assoziieren

Material: Musik vom Band, Schreibutensilien

Tanzphase: Die Teilnehmer werden aufgefordert, sich zu rhythmischer, vom Gruppenleiter ausgewählter Musik zu bewegen. Findet eine Einzeltherapie statt, sollte der Gruppenleiter an der Bewegungsübung teilnehmen, weil das zum einen aktivierenden Charakter hat und sich der Teilnehmer zum anderen nicht auf möglicherweise unangenehme Weise vom Gruppenleiter beobachtet fühlt.

Artikulationsphase: Nach fünf bis zehn Minuten, je nachdem, wie schnell die Teilnehmer in einen Rhythmus finden und sich frei bewegen, wird die Musik beendet, der Tanz und die Bewegungen werden fortgeführt und die Teilnehmer dazu aufgefordert, einzelne Worte oder Sätze zu sagen, die ihnen in diesem Augenblick durch den Kopf gehen. Der Gruppenleiter notiert die artikulierten Worte und Sätze, ohne auf sie einzugehen. Tritt bei den Teilnehmern eine Blockade ein, ist der Gruppenleiter aufgefordert, sich ebenfalls in den Bewegungs- und Artikulationsprozess zu begeben, um diesen zu beleben. Für die Artikulationsphase sollte man ungefähr fünf bis zehn Minuten veranschlagen.

Besprechungs- und Schreibphase: Nach der Artikulationsphase folgt eine Sequenz, in der die Teilnehmer sich die vom Gruppenleiter notierten Worte ansehen und ihre Gefühle und Gedanken dazu äußern. Als Abschluss kann aus den Worten ein gemeinsames Gedicht geschrieben werden, wobei es keine formalen Vorgaben gibt, außer dass das Gedicht aus mindestens zwei Zeilen bestehen sollte. Auch hierzu können die Teilnehmer und der Gruppenleiter Stellung nehmen.

2.3 Kleine Sinnenschule

Material: Schreibutensilien und Sinnesdosen

Für diese Übung ist es hilfreich, sich eine Sammlung von Dosen anzulegen, in denen sich verschiedene Materialien befinden. Die folgende Auflistung ist lediglich ein Vorschlag, wie man die einzelnen Dosen bestücken könnte. Die Dosen 1 und 2 könnten den Fokus beispielsweise auf die haptische Erfahrung richten und Federn, Holzstücke oder Moos enthalten. Die Dosen 3 bis 5 könnten das gustatorische Erleben fördern; in ihnen könnten sich Zucker, Salz oder Schokoladenstreusel befinden. Die Dosen 6 und 7 könnten das olfaktorische System anregen und Nelken, Koriander oder Basilikum enthalten. Die Dosen 8 und 9 könnten mit Reis oder Kichererbsen gefüllt werden, so dass sie beim Bewegen den auditiven Sinn herausfordern. Der Inhalt der Dosen lässt sich von Zeit zu Zeit verändern und die Übung mit neuen Materialien wiederholen.

Sinnenphase: Jeder Teilnehmer bekommt eine Dose und wird aufgefordert die Augen zu schließen. Die Augen bleiben während der ganzen Übung geschlossen und werden erst wieder geöffnet, wenn alle den Inhalt ihrer Dose benannt haben. Zwei Minuten lang konzentrieren sich die Teilnehmer ganz auf den Inhalt ihrer jeweiligen Dose und versuchen, diesen sinnlich zu erfahren und einzuordnen.

Besprechungs- und Schreibphase: Jeder Teilnehmer sagt, was er gerochen, gehört, geschmeckt und gefühlt hat. In der Folge schreibt jeder der Teilnehmer einen Text über die mit der Übung verbundenen Gedanken, Gefühle und Erinnerungen, mit besonderem Augenmerk auf der sinnlichen Erfahrung und den damit verbundenen Assoziationen und Erinnerungen. Die Aufgabe lautet, so sinnlich und detailliert wie möglich zu schreiben, was erlebt, gedacht und gefühlt wurde.

Besprechungsphase: Jeder Teilnehmer, der möchte, liest seinen Text und kann sich ein Feedback von den anderen Teilnehmern und dem Gruppenleiter erbitten. Zudem kann gemeinsam darüber reflektiert werden, wie hilfreich das konkrete sinnliche Erleben ist, um Erinnerungen zu aktivieren und neue Erfahrungen zu machen. Weiterhin denkbar wäre eine Reflexion darüber, ob bei einzelnen Teilnehmern möglicherweise bestimmte Sinne besonders geschult sind und demzufolge in der Übung leicht zu aktivieren waren. Weiterhin können die Teilnehmer aufgefordert werden, darüber nachzudenken, ob die Übung möglicherweise einen Einfluss auf ihr Verhalten in der Zukunft haben könnte – beispielsweise könnte sie zu dem Vorsatz führen, den sinnlichen Erfahrungen in Zukunft mehr Raum zu geben, das heißt bewusster wahrzunehmen, sei es im Alltag (beim Kochen, in der Badewanne) oder in besonderen Situationen (beim Restaurantbesuch, bei einer Wanderung).

2.4 Lautwerfen

Material: Musik vom Band, Schreibutensilien

Bewegungsphase: Die Teilnehmer bewegen sich fünf bis zehn Minuten lang zu einer vom Gruppenleiter ausgewählten Musik. Wenn die Musik endet, werden die Bewegungen noch eine Zeit lang beibehalten, bis die Teilnehmer langsam zur Ruhe kommen.

Lautphase: Ein Teilnehmer beginnt und artikuliert einen Laut, den er mit einer Bewegung zu einem anderen Teilnehmer wirft. Dieser nimmt den Laut mit einer ähnlichen Bewegung auf, artikuliert selbst einen Laut und gibt ihn mit veränderter Bewegung an den nächsten Teilnehmer weiter. Auf diese Weise werden Laute mit verschiedenen Bewegungsformen im Raum weitergegeben. Aus den Lauten werden irgendwann Worte, die ebenfalls mittels Bewegungen weitergegeben werden. Aus den Worten bilden sich allmählich Sätze, wobei die Bewegungen zunehmend in den Hintergrund treten.

Schreibphase: In der Mitte des Raumes wird ein großes Blatt Papier ausgelegt, auf dem die Teilnehmer an verschiedenen Stellen Worte und Sätze notieren, die ihnen im Zusammenhang mit den beiden vorhergehenden Phasen in den Sinn kommen. Hierfür sollten verschiedenfarbige Stifte unterschiedlicher Qualität (Filzstifte, Buntstifte, Marker) bereit liegen.

Reflexionsphase: Die Teilnehmer betrachten das auf diese Weise entstandene gemeinsame Wort- und Satzgebilde und reflektieren die Übung, wobei nach Möglichkeit keine Wertung vorgenommen werden, sondern die Reflexion im Sinne des Feedback und Sharing erfolgen sollte. Reflektiert werden könnte unter anderem darüber, wie leicht oder schwer eine so ungewohnte Handlung wie das »Lautwerfen« den Teilnehmern gefallen ist und welche Gedanken und Gefühle sich dabei eingestellt haben. Weitere mögliche Themen könnten sein: Spontaneität und Hemmungen, Selbst- und Fremdbild, Vertrautes und Unbekanntes und Sicherheit und Wagnis, wobei selbstverständlich alle von den Teilnehmern selbst eingebrachten Themen Vorrang haben und aufgegriffen werden sollten.

2.5 Blinder Spaziergang

Material: Musikinstrumente, Schreibutensilien

Spaziergangsphase: Die Teilnehmer finden zu zweit zusammen. Einer schließt die Augen und lässt sich von seinem Partner führen, der sowohl durch Körperkontakt, als auch verbal die Richtung vorgibt und auf Hindernisse aufmerksam macht. Nach fünf bis zehn Minuten erfolgt ein Wechsel zwischen Führendem und Geführtem. Falls möglich sollte die Übung im Freien stattfinden oder in einem ausreichend großen Raum.

Musikalische Phase: Ohne sich über den blinden Spaziergang verbal auszutauschen, wählt jeder Teilnehmer ein Musikinstrument und bringt das Erlebte durch Töne, Rhythmen und kleine Melodien zum Ausdruck. Dabei experimentiert zunächst jeder für sich selbst und achtet dann auf die Töne und Melodien der anderen und geht darauf ein, im Sinne eines musikalischen Dialoges. Diese Phase kann zwischen fünfzehn und zwanzig Minuten betragen, je nachdem, wie die Teilnehmer musikalisch zusammenfinden.

Schreibphase: Das Erlebte wird in sprachlicher Kurzform, am besten in Zeilen, die einen lyrischen, musikalischen Charakter haben, festgehalten. Am Ende der Schreibphase, die ungefähr fünfzehn Minuten in Anspruch nimmt, hat jeder Teilnehmer zwei bis sechs Zeilen, die er in der Gruppe vorträgt, wobei die anderen Teilnehmer zunächst zuhören, um zwischendurch das jeweils Gehörte auf Instrumenten zu beantworten.

2.6 Gefühle haben Farben und einen Körperausdruck

Material: Malmittel

Malphase: Die Teilnehmer werden dazu aufgefordert, ihre aktuelle Stimmung farblich zu Papier zu bringen. Hilfreich kann es sein, dass sie für sich selbst zunächst ihr aktuelles Gefühl benennen, diesem kurz nachspüren und dann ein Bild dazu entwerfen, bei dem es vor allem um die Farb- und nicht so sehr um die Formgebung geht. Hierfür ist es günstig, Papier in unterschiedlichen Formaten und verschiedene Malmittel (Wasserfarben, Acrylfarben, Aquarellfarben) zur Verfügung zu stellen, und die Teilnehmer darauf hinzuweisen, dass sie sowohl mit Pinseln, als auch mit den Fingern malen können. Dabei sollte so wenig wie möglich gesprochen werden, damit die Teilnehmer sich auf ihre Gefühle und das Malen konzentrieren können. Diese erste Malphase kann zwischen fünfzehn und zwanzig Minuten beanspruchen.

Körperausdrucksphase: Die Teilnehmer kommen im Kreis zusammen, möglichst auf dem Boden sitzend, damit sie von dort, ohne Behinderung durch Stühle, direkt in den Körperausdruck gehen können. Man einigt sich darauf, welches Bild zuerst im Zentrum liegt, dann betrachten die Teilnehmer dieses Bild und stellen das, was sie bei der Betrachtung empfinden, mit ihrem eigenen Körper dar. Der Teilnehmer, dessen Bild im Zentrum liegt, ist in dieser Phase passiv und beobachtet die zu seinem Bild präsentierten Körperausdrücke. In Form eines Blitzlichtes (ein Wort bis maximal zwei Sätze) gibt er den anderen Teilnehmern Rückmeldung darüber, was ihre Körperausdrücke bei ihm ausgelöst haben. Auf diese Weise werden die Bilder aller Teilnehmer in Körperausdrücke »übersetzt«.

2.7 Der sichere Ort

Material: Igelbälle, Isomatten, Decken

Massagephase: Die Teilnehmer gehen zu zweit zusammen und massieren sich wechselseitig mit unterschiedlich großen Igelbällen, die mit verschiedenem Druck und in variierenden Bewegungsmustern (Kreise, Linien) auf dem Körper des Übungspartners gerollt werden. Nach Möglichkeit sollte kein direkter Hand-Körper-Kontakt stattfinden, sondern nur ein Kontakt über den Igelball. Der Massierte begibt sich in eine Position, die ihm angenehm ist (sitzend oder liegend) und gibt Rückmeldung, wenn ihm etwas unangenehm ist, sei es eine Bewegung, ein Druck oder die Berührung einer speziellen Körperregion. Es hat sich bewährt, mit dem Kontakt an den Armen und Beinen zu beginnen und mit dem Igelball erst nach einiger Zeit auf den Körperstamm überzugehen. Die meisten Teilnehmer bevorzugen die Bauchlage, weil sie sich in dieser geschützter fühlen. Nach fünf Minuten wird durch den Gruppenleiter der Wechsel angekündigt. Wichtig ist, dass den Teilnehmern noch einmal explizit gesagt wird, dass sie unangenehme Gefühle nicht aushalten müssen und die Übung jederzeit unterbrechen oder beenden können.

Feedbackphase: Das Feedback erfolgt zunächst in der Zweiergruppe; ausgetauscht werden Gefühle, Gedanken oder auch Irritationen. Es kann darüber reflektiert werden, wann im Alltag der Teilnehmer die letzte bewusste Berührung stattfand, in welchem Kontext dies geschah und wie sie erlebt wurde. Da gerade eine solche körpernahe Übung frühe, nicht immer nur angenehm erinnerte Körpererlebnisse wachrufen kann, steht der Gruppenleiter während der gesamten Übung als Ansprechpartner zur Verfügung. Die Feedbackphase in den Zweiergruppen sollte nicht länger als zehn Minuten dauern.

Ruhephase: Jeder Teilnehmer sucht sich einen Platz im Raum, an dem er sich sicher fühlt, holt sich, was er braucht (Isomatten, eine oder mehrere Decken), richtet sich an diesem Ort so ein, dass es ihm gut geht, versucht sich bestmöglich zu entspannen und seinem aktuellen Körpergefühl nachzuspüren. Diese Ruhephase sollte ungefähr fünfzehn Minuten dauern.

Schlussrundenphase: Zum Abschluss kommen die Teilnehmer zusammen und geben ein kurzes Blitzlicht und möglicherweise einen

Ausblick dazu, welche Erkenntnisse und Schlussfolgerungen sie aus der Übung ziehen.

2.8 Gemeinsames Klang- und Farbbild

Material: Musikinstrumente, Malmittel

Instrumentalisierungsphase: Die Teilnehmer experimentieren etwa zehn Minuten lang mit verschiedenen Musikinstrumenten, wobei sie sich zunächst auf sich selbst konzentrieren. Zunehmend gehen sie dann auf die Klänge der anderen ein. Es findet ein Wechsel statt zwischen Konzentration auf sich selbst und Achtsamkeit für die Musik der anderen.

Malphase: In der Mitte des Raumes wird ein großes Blatt Papier ausgelegt, verschiedene Malmittel werden bereitgestellt. Die Teilnehmer begeben sich im eigenen Rhythmus von den Instrumenten zum Bild und malen. Musik und Malen finden gleichzeitig statt, auch können die Teilnehmer zwischen der Instrumentalisierung und dem Malen hin und her wechseln. Am Ende einer Phase von etwa dreißig Minuten sollten alle wieder bei den Instrumenten sein.

Besprechungsphase: Nach einem gemeinsamen musikalischen Ausklang finden die Teilnehmer vor dem Bild zusammen. Wer möchte, kommentiert die Produktionsphase, wobei am besten frei assoziiert wird. Die Assoziationen werden vom Gruppenleiter stichpunktartig auf einem Papier festgehalten, das dem Bild später beigefügt wird.

2.9 Collage

Material: Zeitungen, Zeitschriften, Schreibutensilien, farbige Kartons, Klebemittel, Malmittel

Auswahl- und Sammelphase: Die Teilnehmer beschäftigen sich mit den mitgebrachten Zeitungen und Zeitschriften und wählen Bilder, Überschriften oder Textstellen aus, die sie ansprechen, irritieren oder sonstwie berühren. Jeder Teilnehmer wählt und sammelt so viel Bild- und Textmaterial, wie er benötigt. Das Material kann später durch eigenes Malen und Schreiben ergänzt werden, falls erforderlich können auch in einer späteren Phase noch Textausschnitte und Bilder aus den Zeitungen und Zeitschriften ausgeschnitten werden.

Ordnungs- und Ergänzungsphase: Jeder Teilnehmer wählt einen Karton in der Farbe, die ihm an diesem Tag am stimmigsten vorkommt. Text- und Bildausschnitte werden zunächst lose auf dem Karton angeordnet. Das Festkleben erfolgt erst, wenn sicher ist, dass Texte und Bilder sich an einer für den aktuellen Augenblick stimmigen Stelle befinden, wobei sie auch nach dem Aufkleben noch entfernt oder übermalt werden können. Nach einer kurzen Betrachtungsphase werden die Ausschnitte auf dem Karton fixiert und – sofern gewünscht – durch Farbe und eigene Worte oder Textpassagen ergänzt.

Besprechungsphase: Jeder Teilnehmer sagt etwas zu seinem Bild und dazu, warum er bestimmte Text- und Bildausschnitte gewählt und auf die zu sehende Weise angeordnet hat. Die anderen Teilnehmer können ein Feedback geben. Abschließend werden die Bilder, falls möglich, an den Wänden in einer Art Galerie aufgehängt, wobei jeder selbst entscheidet, an welcher Stelle sein Bild platziert werden soll.

2.10 Steindialog

Material: Steine aus der Natur (alternativ: Holz, Federn usw.), Schreibutensilien

Spaziergangsphase: Auf einem gemeinsam unternommenen Spaziergang sucht sich jeder Teilnehmer einen Stein. Alternativ kann der Gruppenleiter eine Auswahl von Steinen mitbringen, aus denen sich jeder Teilnehmer einen aussucht. Sofern möglich, sollte der Spaziergang in der Natur bevorzugt werden oder jeder Teilnehmer wird – falls es sich um Folgeeinheiten handelt – dazu aufgefordert, zu dieser Therapieeinheit einen Stein mitzubringen.

Dialogphase: Die Teilnehmer gehen zu zweit zusammen und erzählen sich wechselseitig die Geschichte ihres Steins; sagen etwas zur Wahl des Steines und beschreiben seine Eigenschaften: Form, Größe, Farbe, Oberfläche, wie der Stein in der Hand liegt und ob er sich warm oder kalt anfühlt. Das Gespräch sollte etwa zwanzig Minuten dauern, wobei jeder zehn Minuten Zeit hat, seinen Stein vorzustellen.

Schreibphase: Jeder Teilnehmer schreibt eine kleine Geschichte zu seinem Stein, wobei er das im Gespräch Erkannte und Erzählte in den Text einfließen lässt. Die Textform ist frei, die Teilnehmer können sowohl Prosa, als auch Lyrik verfassen, möglich ist auch zuerst ein Prosatext, der dann in wenigen Zeilen verdichtet wird.

Lesephase: Jeder Teilnehmer liest seinen Text vor und erhält ein Feedback von den anderen Teilnehmern. Beim Vorlesen des Textes kann der jeweilige Stein in der Gruppe herumgereicht werden. Sollte einer der Teilnehmer seinen Stein nicht herumgeben wollen, wird er so platziert, dass jeder ihn sehen kann.

2.11 Der Körper als Resonanzraum

Material: Isomatten, Decken

Atemphase: Die Teilnehmer stellen sich, aufrecht und mit leicht gebeugten Knien, in einen Kreis und atmen bewusst ein und aus. Der Gruppenleiter steht ebenfalls im Kreis und macht die Übungen vor. Beim Einatmen heben die Teilnehmer die Schultern und lassen sie beim Ausatmen bewusst fallen. Als nächstes richten sich die Teilnehmer beim Einatmen auf und sacken beim Ausatmen ein wenig in sich zusammen. Wichtig ist zu erklären und vorzumachen, dass es nicht um große Bewegungen geht, sondern um kleine Bewegungsausschläge, die nicht einmal sichtbar sein müssen.

Vokalphase 1: Begonnen mit dem Vokal *a* summen alle Teilnehmer den Vokal leise, wobei sie versuchen zirkulär zu atmen, als würden sie ein Blasinstrument spielen. Wer das nicht kann, atmet normal. Jeder Vokal sollte von allen Teilnehmern einige Zeit, ohne größere Unterbrechungen, gesummt werden, wobei die Tonhöhe variiert werden kann. Nach dem Vokal *a* folgen die Vokale *e, i, o, u*, wobei jeder Vokal von der Gruppe etwa zwei Minuten lang gehalten wird.

Vokalphase 2: Die Teilnehmer beginnen wieder mit dem Vokal *a* und versuchen zu lokalisieren, in welchem Körperteil dieser Buchstabe schwingt, also wo im Körper er am deutlichsten zu spüren ist. Auf diese Körperstelle legen die Teilnehmer ihre Hände und summen eine Zeitlang weiter den Ton, bis sie sicher sind, die Körperstelle gefunden zu haben, in welcher der Ton am deutlichsten zu spüren ist. Jeder arbeitet sich in seiner Geschwindigkeit von Vokal zu Vokal, wobei er sich auf sich selbst und sein eigenes Körperempfinden konzentriert, ohne sich von den anderen Teilnehmern ablenken zu lassen.

Vokalphase 3: Der Gruppenleiter stimmt einen kleinen Gesang an, am besten ein Lied, in dem möglichst viele Vokale vorkommen. Die Teilnehmer stimmen ein, wobei sie wieder besonders auf die Resonanzen im Körper achten.

Benennungsphase: In der Mitte des Raumes wird ein Blatt ausgelegt, auf das der Gruppenleiter einen ersten Satz schreibt, der mit den Worten anfängt: »Mein Köper ist« (z.B. »Mein Körper ist ein Resonanzraum«). Darunter notiert jeder Teilnehmer ebenfalls einen Satz, der mit den Worten »Mein Körper ist« beginnt. Es erfolgen zwei Durchläufe, so dass jeder zwei Sätze geschrieben hat.

Besprechungsphase: Jeder liest seine beiden Sätze laut vor. Danach kann ein kurzes Blitzlicht erfolgen oder die Übung kann unmittelbar nach dem Lesen beendet werden.

2.12 Eigenes und Fremdes

Material: Gips, Holzbretter, Hammer, Draht

Nachahmungs- und Spiegelphase: Die Teilnehmer gehen zu zweit zusammen und bekommen die Anweisung, sich locker neben- und umeinander zu bewegen. Dann macht einer der beiden eine Bewegung vor und der andere ahmt sie nach. Nach zwei Minuten erfolgt ein Rollenwechsel. Darauf folgt eine Spiegelphase: Einer macht eine Bewegung vor und der andere spiegelt diese. Hebt der Vormachende beispielsweise den rechten Arm, hebt der Spiegelnde den linken; anders als in der Sequenz zuvor, in der er jetzt ebenfalls den rechten Arm gehoben hätte. Für diese Phase sollte ein Wechsel erst nach fünf Minuten erfolgen, da die Spiegelung schwieriger ist als die Nachahmung.

Gipsskulpturen: An verschiedenen Arbeitsplätzen sollten Gips, Holzbretter, eine Schüssel mit Wasser, Draht, der sich mit der Hand oder einer Zange biegen lässt und ein Hammer bereitliegen. Die Teilnehmer bleiben in der Zweiergruppe, in der sie die Bewegungsübung durchgeführt haben und werden aufgefordert, auf dem Brett mittels Drahtschlingen und Gips zwei Figuren zueinander zu installieren. Zuvor sollte der Gruppenleiter vormachen, wie eine solche Figur entsteht: Biegen des Drahtes, Befestigen desselben auf dem Holzbrett, Anrühren des Gipses, Eintauchen der Leinentücher und Umwickeln der Drahtschlingen mit den Tüchern, wobei Gips mit den Händen angefügt werden kann. Die Grundfigur ist durch die Drahtschlinge vorgegeben, die Ausformung erfolgt über das Anfügen von Gips. Wichtig ist zu erwähnen, dass der angerührte Gips relativ schnell abbindet, nämlich in etwa 3–5 Minuten. Durch die Verwendung von kaltem Wasser oder Beimischung von Spachtelmasse, die Zitronensäure enthält, kann der Prozess des Abbindens auf 15–20 Minuten gestreckt werden. Aufgrund dieser Besonderheit sollten sich die Teilnehmer wechselseitig helfen, beispielsweise beim Anreichen von in Gips getauchten Tüchern. Am besten, der Gruppenleiter macht seine Arbeitsschritte ebenfalls mit Unterstützung eines Teilnehmers vor und zeigt damit, wie hilfreich Teamwork gerade in dieser Übung ist.

Besprechungsphase: Die Besprechung erfolgt in erster Linie im Sinne eines Sharing, das heißt, jeder Teilnehmer erzählt, wie es ihm in beiden Phasen ergangen ist und wie es sich angefühlt hat, so eng mit jemandem zusammenzuarbeiten. Reflektiert werden könnte beispielsweise auch darüber, wie gut es gelungen ist, mit dem anderen zu sein und zugleich bei sich selbst zu bleiben, wie jedes Team Nähe und Distanz geregelt hat, und was unter Umständen durch Größe, Form und Anordnung der Figuren zueinander deutlich wird.

2.13 Sprachbilder

Material: Schreibutensilien, Malmittel

Sammel- und Schreibphase: Die Teilnehmer gehen zu zweit oder zu dritt zusammen und versuchen, für die Gefühle Wut, Trauer, Freude, Scham, Schuld und Angst Sprachbilder zu finden, wie beispielsweise »Vor Wut in die Luft gehen«. Zu jedem Gefühl sollten ungefähr drei Sprachbilder gefunden und notiert werden. Danach überlegen die Teilnehmer, wie sich die gefundenen Sprachbilder körperlich darstellen lassen und vereinbaren, wer aus der Gruppe welche Sprachbilder präsentiert.

Vorführphase: Die Teilnehmer kommen in der Gruppe zusammen und stellen ihre Sprachbilder durch einen entsprechenden Körperausdruck dar, wobei sie dies allein, zu zweit oder zu dritt machen können. Die anderen Teilnehmer versuchen herauszufinden, welches Gefühl dargestellt wird und welches Sprachbild von den Darstellenden damit assoziiert wurde.

Malphase: Es folgt eine kurze, maximal fünfminütige Malphase, in der sich jeder Teilnehmer für eines der dargestellten Gefühle in Zusammenhang mit einem dazugehörigen Sprachbild entscheidet und dazu ein Bild gestaltet.

Besprechungsphase: Die Bilder werden nicht mehr ausführlich besprochen, sondern nur noch in einer Blitzlichtrunde aufgegriffen, in der sowohl der Malende, als auch die anderen Teilnehmer jeweils nur ein Wort oder einen Satz zu jedem Bild und den Gedanken und Gefühlen, die sich bei ihm dazu einstellen, sagen. Weiterhin kann ein kurzes Feedback dazu erfolgen, ob die Übung als hilfreich für die Darstellung der eigenen Gefühle empfunden wurde.

2.14 Körpergestalten

Material: Große Papierrollen (z. B. Packpapier), Ton, Schreibutensilien

Körpermalphase: Die Teilnehmer gehen zu zweit zusammen. Auf dem Boden werden große Papierrollen ausgebreitet. Das Papier sollte so groß sein, dass die einzelnen Teilnehmer sich bequem darauf legen können. Ein Teilnehmer legt sich zuerst auf das Papier und probiert verschiedene Stellungen aus. In einer ihm angenehmen Haltung bleibt er liegen und gibt seinem Übungspartner ein Zeichen, dass dieser nun die Körperumrisse nachzeichnen kann. Danach erfolgt ein Wechsel, so dass am Ende dieser Phase jeder Teilnehmer einen Körperumriss von sich auf Papier zur Verfügung hat.

Tongestaltungsphase: Jeder Teilnehmer sucht sich mit seinem Bild einen Platz, an dem er das Bild entweder an die Wand hängen oder so auf dem Boden platzieren kann, dass er es sieht. Jetzt beginnt die Gestaltung mit Ton. Dabei kommt es nicht darauf an, die Figur, die auf dem Papier ist und die eigenen Körperumrisse aufweist, nachzubilden, sondern vielmehr geht es in dieser Phase darum, sich von den eigenen Körperumrissen zu einer wie auch immer gearteten Gestaltung in Ton anregen zu lassen. Dabei muss keine konkrete Figur entstehen, sondern ebenso kann etwas nicht Gegenständliches gestaltet werden. Für diese Phase sollten – sofern der zeitliche Rahmen dies erlaubt – mindestens dreißig Minuten zur Verfügung stehen.

Wortassoziationsphase: Nachdem die Phase der Gestaltung abgeschlossen ist, schreibt jeder Teilnehmer in seinen Körperumriss Worte, die ihm beim Malen und der Arbeit mit dem Ton in den Sinn gekommen sind oder die ihm aktuell in den Sinn kommen. Dabei kann es hilfreich sein, die Tongestaltung im Blickfeld zu haben; auch kann das Tongebilde mit offenen oder geschlossenen Augen immer wieder ertastet werden, bevor weitere Assoziationen in dem Körperumriss notiert werden.

Besprechungsphase: Grundlage für die Besprechung bilden sowohl das Bild mit den Worten, als auch die Tongestaltung. Die Teilnehmer berichten, wie es ihnen in den einzelnen Arbeitsphasen ergangen ist und wie sie sowohl die gemeinsame, als auch die eigene Arbeit erlebt haben. Weiterhin könnten Überlegungen dazu angestellt werden, wie leicht oder schwer den Einzelnen die Übergänge zwischen den Phasen und der Wechsel der Gestaltungsmittel gefallen sind. Zudem können Aussagen zum Erleben der eigenen Körpersilhouette geäußert werden.

2.15 Blindmalen

Material: Malmittel, Isomatten und Decken

Körperreisephase: Die Teilnehmer richten sich mit Isomatten und Decken auf dem Boden ein. Es folgt eine Achtsamkeitsübung, die vom Gruppenleiter angeleitet wird. Eine mögliche Anleitung könnte lauten: »Richten Sie Ihre Aufmerksamkeit auf Ihren Atem. Spüren Sie, wie die Luft in Ihren Körper hinein und wieder heraus strömt. Richten Sie Ihre Aufmerksamkeit auf Ihren rechten Fuß. Wandern Sie von den Zehen über den Fuß in den Unter- und in den Oberschenkel. Richten Sie jetzt Ihre Aufmerksamkeit auf Ihren linken Fuß. Wandern Sie von den Zehen über den Fuß in den Unter- und in den Oberschenkel. Wandern Sie vom Becken in den Bauch, in die Brust, in den Hals und in die Schultern. Wandern Sie in den rechten Oberarm, den Unterarm und in die Hand, bis in die Fingerspitzen. Wieder von den Schultern ausgehend, wandern Sie in den linken Oberarm, den Unterarm und in die

Hand, bis in die Fingerspitzen. Dann atmen Sie ein letztes Mal bewusst ein und aus und beenden die Übung« (Heimes 2008).

Malphase: Bereits vor der Achtsamkeitsübung wurden – entweder durch den Gruppenleiter oder in Zusammenarbeit mit den Teilnehmern – Blätter an der Wand befestigt oder auf dem Boden ausgelegt. Den Teilnehmern stehen nun zwei Möglichkeiten offen: Sie können sich mit dem Gesicht zum Papier stellen und mit geschlossenen Augen malen oder sich mit dem Rücken zum Papier stellen und die Hände nach hinten über das Papier bewegen. Sollte es aus Platzgründen nicht möglich sein, das Papier an der Wand zu befestigen, bietet sich für die Übung auf dem Boden das Schließen der Augen an, da es schwierig ist, mit dem Rücken zum Blatt auf dem Boden zu malen, auch wenn bewegliche Menschen dazu sicher in der Lage sind. Die Malphase sollte etwa fünf Minuten in Anspruch nehmen. Erst, wenn das Malen beendet ist, werden die Augen geöffnet und das eigene Bild wird aus einiger Entfernung betrachtet.

Besprechungsphase: Die Teilnehmer legen ihr Bild gut sichtbar für alle in die Mitte und berichten, wie es ihnen beim Malen ergangen ist, wie leicht oder schwer es ihnen gefallen ist, die Augen geschlossen zu halten, und ob sie diese möglicherweise zwischendurch geöffnet haben. Reflektiert werden könnte in diesem Zusammenhang, welche Rolle Kontrolle und Vertrauen im Leben der einzelnen Teilnehmer spielen. Zudem können die Teilnehmer Einschätzungen zu ihrem eigenen Bild und den Bildern der anderen Teilnehmer äußern.

2.16 Sinnliche Erinnerungen

Material: Zitronenscheiben (alternativ lässt sich die Übung mit jedem beliebigen Nahrungsmittel oder mit verschiedenen Düften durchführen), Schreibutensilien, Malmittel

Sinnesphase: Jeder Teilnehmer erhält eine Zitronenscheibe, mit der er sich fünf Minuten lang konzentriert beschäftigen soll. Er kann an der Zitronenscheibe riechen, lutschen, den Saft aus der Scheibe pressen und von den Fingern lecken, die Scheibe essen oder nicht. Alles ist erlaubt, die einzige Vorgabe besteht darin, dass sich die Teilnehmer voll und ganz auf sich und die Zitronenscheibe konzentrieren sollen.

Schreibphase: In einer zwanzigminütigen Schreibphase notieren die Teilnehmer alle Assoziationen, die ihnen zur Sinnesphase einfallen. Dies können Erinnerungen, Gedanken oder Gefühle sein. Vielleicht gibt es Kindheits- oder Urlaubserinnerungen, die in Zusammenhang mit dem sauren Geschmack stehen. Wichtig ist, dass die Teilnehmer – unter Einbeziehung aller Sinne – so genau wie möglich beschreiben, was sie erlebt haben und welche Erinnerungen sich in der Sinnesphase oder in der aktuellen Schreibphase einstellen.

Malphase: Nach der Schreibphase gehen die Teilnehmer direkt dazu über, ihre Eindrücke in einem Bild festzuhalten, wobei sie sich auf zwei Farben beschränken sollen. Hierbei geht es lediglich um einen spontan gemalten Gefühlausdruck, weswegen diese Phase nur etwa zwei Minuten lang sein sollte.

Besprechungsphase: Jeder Teilnehmer, der möchte, kann seinen Text vorlesen und etwas zu seinem Bild sagen. Zudem können Gefühle und Gedanken geäußert werden, die sich im Verlauf der Übung eingestellt haben. Möglich wäre zudem die Reflexion darüber, welche Rolle Geschmack und Geruch im Leben der jeweiligen Teilnehmer spielen, und ob sie den Eindruck haben, über diese sinnlichen Erfahrungen einen guten Zugang zu ihren Gefühlen und Erinnerungen zu erhalten.

2.17 Farbige Rhythmen

Material: Musik vom Band, sechs große Blätter, Malmittel

Bewegungs- und Malphasen: Vor der ersten Bewegungsphase werden sechs große Blätter übereinander gelegt, sofern auf dem Tisch oder Boden gearbeitet wird, oder die Blätter werden an die Wand geheftet, sofern ausreichend Wandplatz zur Verfügung steht. In beiden Fällen ist darauf zu achten, dass die Blätter leicht und schnell gewechselt werden können. Die Teilnehmer bewegen sich dann frei zu einer etwas schnelleren Musik. Die erste Bewegungsphase, die unter anderem der Lockerung dient, kann fünf Minuten dauern, die nächsten Bewegungsphasen sollten nicht länger als zwei Minuten sein. Nach der ersten Bewegungsphase begeben sich die Teilnehmer an die vorbereiteten Malwände oder -tische und malen exakt zwei Minuten mit großer Geste, am besten aus der Schulter heraus. Währenddessen wird die gleiche Musik wie in der

Bewegungsphase gespielt. Nachdem das erste Bild fertig ist, wird das Blatt entfernt, die nächste Musik setzt ein, die Teilnehmer bewegen sich zwei Minuten zu der neuen Musik, dann malen sie wieder zwei Minuten zu dieser neuen Musik. Es findet ein ständiger Wechsel zwischen Bewegung und Malen statt, wobei nach Möglichkeit fünf unterschiedliche Musikstücke mit unterschiedlichen Geschwindigkeiten und Rhythmen gewählt werden sollten. Nachdem auf diese Weise fünf Bilder entstanden sind, wird das letzte Blatt ohne Bewegung und ohne Musik gemalt, wofür etwa zehn Minuten zur Verfügung stehen sollten.

Besprechungsphase: Die Teilnehmer kommen zusammen und berichten über ihre Erfahrungen mit den unterschiedlichen Bewegungen, Geschwindigkeiten und Rhythmen und darüber, was beim Malen des sechsten Bildes unter Umständen anders war als bei den vorherigen Bildern. Zudem kann ein direktes Feedback zu den Bildern erfolgen.

2.18 Barfuss in der Natur

Material: Kieselsteine, Gräser, Hölzer, Sand, usw., Malmittel

Spaziergangsphase: Sollte die Möglichkeit bestehen, in der Natur spazieren zu gehen, bietet sich diese Variante an. Sollte dies nicht möglich sein, kann der Gruppenleiter alternativ die Natur in den Raum bringen, indem er verschiedene Naturmaterialien sammelt und an unterschiedlichen Stellen des Raumes auslegt. Dabei ist sowohl in der Natur, als auch im Raum darauf zu achten, dass keine Materialien verwendet werden, an denen sich die Teilnehmer verletzen könnten. Die Teilnehmer gehen zuerst mit offenen, dann mit geschlossenen Augen über die einzelnen Materialien und versuchen sich auf die Empfindungen unter ihren Fußsohlen zu konzentrieren und darauf, wie ihr Gang auf den unterschiedlichen Materialien ist und ob der Untergrund, auf dem sie laufen, in irgendeinem Zusammenhang mit ihrer Stimmung steht.

Malphase: Die Teilnehmer versuchen, mit verschiedenen Malmitteln und durch unterschiedliche Farbdicke und Auftragtechnik in einem Bild wiederzugeben, wie sie die verschiedenen Untergründe und sich selbst erlebt haben. Vielleicht gelingt es ihnen auch, anhand der Farbigkeit unterschiedliche sinnliche Qualitäten und Empfindungen zum

Ausdruck zu bringen. Oder sie integrieren Teile der Naturmaterialien in ihrem Bild.

Schreibphase: Unmittelbar im Anschluss an die Malphase verfassen die Teilnehmer einen etwa vier Zeilen langen Text, der in irgendeiner Weise die Natur zum Thema hat.

Besprechungsphase: Bilder, Texte und Erlebnisse werden in einer kurzen Besprechungsphase präsentiert. Im Vordergrund stehen dabei nicht so sehr Bild und Text, sondern vielmehr das (Mit-)Teilen der Erfahrungen.

2.19 Du spielst, ich male

Material: Musikinstrumente, Malmittel

Dialogische Gestaltungsphase: Die Teilnehmer gehen zu zweit zusammen, einer improvisiert mit Musikinstrumenten und der eigenen Stimme, der andere setzt die Töne in Malbewegungen um, wobei er die Augen am besten geschlossen hat, sofern ihm dies möglich ist. Nach zehn Minuten erfolgt ein durch den Gruppenleiter angesagter Wechsel. Die Übung lässt sich alternativ mit Worten und der Umsetzung dieser Worte in Malbewegungen ausführen, wobei dann nicht in der üblichen Weise miteinander geredet werden sollte, sondern sich derjenige, der redet, auf sich, seine Gedanken und Gefühle konzentriert und in einer Art Bewusstseinsstrom spricht, während der andere nicht mit Worten, sondern mit Malbewegungen darauf Bezug nimmt.

Besprechungsphase: Die Besprechung erfolgt zunächst in der Zweiergruppe. Dabei können beispielsweise Themen angesprochen werden wie Nähe und Distanz, Verantwortung und »Abgeben können«, Verstehen und Missverstehen, Autonomie und Abhängigkeit. Vielleicht wird auch darüber reflektiert, was jeder Teilnehmer instrumentalisiert, beziehungsweise gemalt hat. Erst danach kommen alle Teilnehmer wieder in der Gruppe zusammen und geben ihre Eindrücke wieder, ohne auf die Themen der Zweiergruppen im Einzelnen einzugehen. Auch kann ein Feedback zu den Bildern erfolgen.

2.20 Vom Ton zum Bild

Material: Ton, Zeichenpapier

Gestaltphase: Jeder Teilnehmer nimmt ein Stück Ton und beginnt, es mit den Händen zu bearbeiten. Zunächst geht es nur darum, das Material zu erspüren und zu kneten, ohne dabei schon formend einzugreifen. Bewährt hat es sich, dabei die Augen zu schließen und darauf zu achten, welche Gedanken, Gefühle und Assoziationen sich beim absichtslosen Kneten der Tonmasse einstellen. Nach ungefähr fünf Minuten gibt der Gruppenleiter ein Zeichen, dass nun fünfzehn Minuten mit offenen Augen etwas gestaltet werden kann. Möglicherweise ist es für die Teilnehmer hilfreich etwas zu gestalten, was ihnen in den vorherigen fünf Minuten in den Sinn gekommen ist, oder etwas, das sie aktuell beschäftigt. Dabei sollte mit möglichst wenig Wasser gearbeitet werden, damit die Tonfiguren für die nächste Übungsphase nicht zu feucht sind.

Malphase: Zunächst betrachtet jeder Teilnehmer seine Figur; dann schließen die Teilnehmer die Augen und ertasten das Tongebilde mit der linken Hand, während sie es mit der rechten zu malen versuchen. Dabei geht es nicht darum, ein Abbild der Tonfigur auf dem Papier zu erschaffen; sondern vielmehr soll sich die intensive Beschäftigung mit der Tonfigur in irgendeiner Weise – dies kann auch durch eine abstrakte farbige Gestaltung erfolgen – auf dem Papier wiederfinden.

Besprechungsphase: In der Besprechungsphase geht es unter anderem darum zu berichten, wie es sich angefühlt hat, einen Vorgang umzukehren, das heißt, wie es war, erst eine Tonfigur zu gestalten und dann ein Bild davon anzufertigen, statt erst eine Skizze zu machen, nach der dann die Tonfigur entsteht, wie es sonst in der Regel praktiziert wird. Wie in allen Übungen darf selbstverständlich alles ausgesprochen werden, was gedacht und gefühlt wurde oder in der aktuellen Besprechungssituation gedacht und gefühlt wird. Auch können die Tonfiguren und Bilder in die Besprechung integriert werden.

2.21 Labyrinth

Material: Steine, Seile, Fäden usw.

Labyrinthbauphase: Aus Steinen, Seilen, Fäden oder alternativen Materialien legen die Teilnehmer ein Labyrinth, das zuvor nicht aufgezeichnet wurde. Dabei versuchen die Teilnehmer, sich auf den Prozess einzulassen, indem sie Steine hinzufügen, beziehungsweise mit Seilen oder Fäden Teile des Labyrinths gestalten, ohne sich dabei verbal darüber zu verständigen (Leutkart 2004).

Labyrinthbegehungsphase: Nachdem das Labyrinth von den Teilnehmern für fertig erklärt wurde – was keine Perfektion oder Geschlossenheit voraussetzt – wird es von jedem Teilnehmer begangen, wobei diese Begehung experimentellen Charakter hat. Die Teilnehmer können mit offenen oder geschlossenen Augen durch das Labyrinth gehen, sie können sich wechselseitig führen, Teilabschnitte des Labyrinths begehen oder in bestimmten Teilen des Labyrinths verweilen.

Besprechungsphase: In der Besprechung kann darüber reflektiert werden, wie es sich anfühlt, ein Projekt mit mehreren Menschen zu gestalten, ohne dass zuvor ein Plan angefertigt wurde. Weiterhin kann darüber nachgedacht werden, wie es sich angefühlt hat, an unterschiedlichen Stellen des Labyrinths zu verweilen oder auf eine Grenze (Steine, Seile, Fäden) zu treten, beziehungsweise diese zu übertreten. Gegen Ende der Besprechung können die Teilnehmer kurz noch darüber nachdenken, ob ihnen die Übung möglicherweise irgendwelche Erkenntnisse für den Alltag gebracht hat.

2.23 Sinnliches Porträt

Material: Malmittel (u. a. Zeichenstifte, Kohle, Kreide)

Sinnesphase: Die Teilnehmer schließen die Augen und ertasten ihr eigenes Gesicht, wobei sie auf Formen, Linien und Proportionen achten. Wichtig ist es, den Teilnehmern deutlich zu machen, dass die Erkundung des eigenen Gesichtes so neutral wie möglich, also ohne Wertung, erfolgen sollte. Eine gedankliche Unterstützung könnte die Vorstellung bieten, dass es sich bei dem ertasteten um ein fremdes Gesicht handelt. Die Erkundungsphase sollte ungefähr fünf Minuten lang sein.

Malphase: In der Malphase erspüren die Teilnehmer mit der linken Hand weiterhin die Konturen ihres Gesichtes, während sie es mit der rechten Hand zu zeichnen versuchen. Die Übung lässt sich mit offenen oder geschlossenen Augen durchführen, wobei die Erfahrung gezeigt hat, dass die Konzentration auf das eigene Gesicht mit geschlossenen Augen meist besser gelingt (Leutkart 2004).

Besprechungsphase: In der Besprechungsphase ist es wichtig, noch einmal zu betonen, dass es nicht um die Bewertung eines Gesichtes geht und auch nicht darum, ob ein Porträt als gelungen angesehen wird oder nicht, sondern um die Gefühle und Gedanken, die es mit sich gebracht hat, sein eigenes Gesicht auf diese Weise zu erkunden, sich selbst so viel Aufmerksamkeit zu schenken und das eigene Gesicht anhand der Berührung zeichnerisch wiederzugeben.

2.24 Brücken aus Ton und Worten

Material: Ton, Schreibutensilien

Einzelphase Ton: Zunächst gestaltet jeder Teilnehmer eine eigene Brücke aus Ton. Höhe, Festigkeit, Belastbarkeit und Länge der Brücke bleiben jedem Teilnehmer selbst überlassen. Zur Gestaltung der eigenen Brücke stehen ungefähr zwanzig Minuten zur Verfügung.

Gemeinsame Tonphase: In der nächsten Phase werden die einzelnen Brücken mittels Ton miteinander verbunden, wobei diese keine gerade Linie bilden müssen, sondern auch versetzt und in Winkeln aneinander gefügt werden können. Das auf diese Weise entstandene Gebilde bleibt für alle sichtbar im Zentrum stehen und wird eine Zeit lang betrachtet.

Schreibphase: Ein Teilnehmer beginnt mit einem Satz, der ihm in diesem Augenblick einfällt und den der Gruppenleiter notiert. Dann gibt er das Wort an den nächsten Teilnehmer weiter, der ebenfalls einen Satz sagt, der wieder vom Gruppenleiter notiert wird. Dabei muss das Wort nicht der Reihe nach weitergegeben werden, aber so, dass jeder Teilnehmer ungefähr zwei bis drei Sätze äußern kann, die der Gruppenleiter der Reihe nach notiert.

Besprechungsphase: Während der Gruppenleiter den entstandenen Text liest, betrachten die Teilnehmer das Brückengebilde. Dann geben die Teilnehmer ein Feedback zu den einzelnen Übungsphasen, zur Gesamtbrücke und dazu, wie der auf diese Weise entstandene Text auf sie gewirkt hat.

2.25 Ein eigenes Märchen gestalten

Material: Märchen, Ton

Lese- und Inspirationsphase: Der Gruppenleiter liest ein von ihm ausgewähltes Märchen vor, während die Teilnehmer der besseren Konzentration halber mit geschlossenen Augen zuhören.

Tongestaltungsphase: Jeder Teilnehmer gestaltet aus Ton etwas, was ihm beim Hören des Märchens in den Sinn gekommen ist. Dabei kann es sich um eine Figur aus dem Märchen handeln, ein anderes Element oder eine Idee. Die Phase kann zwischen fünfzehn und zwanzig Minuten in Anspruch nehmen.

Märchengestaltungsphase: Mit den entstandenen Tongebilden konstruieren die Teilnehmer ihr eigenes Märchen, das nur erzählt und nicht schriftlich fixiert wird und das nichts mit dem Ausgangsmärchen zu tun haben muss. Diese Phase sollte ungefähr fünfzehn Minuten betragen und kann vom Gruppenleiter stichpunktartig festgehalten werden.

Besprechungsphase: Die Teilnehmer tauschen sich darüber aus, wie es ihnen in den einzelnen Übungsphasen ergangen ist. Weiterhin kann angesprochen werden, was die einzelnen Teilnehmer von Märchen halten, welchen Bezug sie zu Märchen haben und ob sie ein aktuelles Lieblingsmärchen haben oder in der Kindheit eines hatten.

2.26 Musik einmal anders vertont

Material: Musik vom Band, Ton

Musikphase: Zunächst lauschen die Teilnehmer fünf Minuten lang der abgespielten Musik und achten dabei auf Gedanken und Gefühle, die sich einstellen.

Gestaltungsphase: Während die Musik weiter spielt, lässt sich jeder Teilnehmer von der Musik zu einer eigenen Gestaltung mit Ton anregen. Dabei geht es vor allem darum, sich auf die Musik einzulassen und dem eigenen Gefühl entsprechend mit dem Ton zu arbeiten, wobei keine konkrete Gestalt geformt werden muss. Diese Phase sollte ungefähr fünfzehn Minuten dauern.

Besprechungsphase: Die Teilnehmer tauschen sich über ihre Gedanken und Gefühle aus, wobei die entstandene Tonfigur nur als Assoziationshilfe dient und nicht unmittelbarer Gegenstand der Besprechung sein muss. Im Vordergrund stehen vielmehr die sinnlichen Erfahrungen der Teilnehmer, bezogen auf die Stimmung, die die Musik in ihnen ausgelöst hat, und das Empfinden während der Ton-Arbeit.

2.27 Gesichtsmasken

Material: Gips, Schreibutensilien

Gipsphase: Die Teilnehmer gehen zu zweit zusammen und nehmen wechselseitig von ihrem Gesicht einen Gipsabdruck, den sie später mittels Gips weiter bearbeiten und – sofern gewünscht – bemalen können.

Schreibphase: Die eigene Maske im Blick schreibt jeder Teilnehmer eine Geschichte zu seiner Maske. Dies kann in Form eines Fließtextes geschehen oder als fiktiver Monolog aus dem Mund der Gesichtsmaske oder als fiktiver Dialog mit der Maske eines anderen Teilnehmers oder mit einer nicht anwesenden Person.

Besprechungsphase: Jeder Teilnehmer legt seine Maske für die Gruppe sichtbar auf den Tisch und liest seinen Text. Darüber hinaus berichtet er von seinen Gedanken und Gefühlen während der einzelnen Übungsphasen. Die Teilnehmer geben Feedback in Form freier Assoziationen. Sofern ein Teilnehmer über seine Maske in den fiktiven Dialog eines anderen involviert war, kann er unmittelbar reagieren.

2.28 Gipsabdrücke und -eindrücke

Material: Gips, Naturmaterialien (z. B. Muscheln, Hölzer, Steine), unterschiedlich große Plastikschalen, Schreibutensilien

Auswahlphase: Jeder Teilnehmer wählt aus den vom Gruppenleiter mitgebrachten Gegenständen zwei bis drei aus oder bringt – sofern dies möglich ist und in einer Einheit zuvor besprochen werden konnte – eigene Gegenstände mit. Alternativ zu den Gegenständen können Finger oder die gesamte Hand in den Gips gedrückt werden.

Gipsphase: Jeder Teilnehmer wählt eine Schale aus und gibt dort flüssigen Gips hinein. Dann drückt er die ausgewählten Gegenstände in den flüssigen Gips, wobei darauf zu achten ist, dass die fertige Form die entgegengesetzten Wölbungen und Höhlungen aufweisen wird. Sobald der Gips trocken ist, wird er aus der Schale gelöst.

Schreibphase: Jeder Teilnehmer verfasst einen Text zu dem entstandenen Gipsabdruck und beschreibt unter besonderer Berücksichtigung der Negativ-Positiv-Abformung seine Eindrücke dazu.

Besprechungsphase: Die Teilnehmer lesen ihre Texte, während ihre Gipsabformung für alle zu sehen ist. Dann berichten sie über ihre Gedanken und Gefühle und sagen etwas dazu, wie leicht oder schwer es ihnen gefallen ist, sich Negativ- und Positivabformung vorzustellen.

2.29 Tonkugelbilder

Material: Ton, Packpapier, Malmittel

Tonkugelherstellungsphase: Jeder Teilnehmer formt aus Ton eine Kugel nach seinen Vorstellungen. Die Kugel kann jede beliebige Größe haben, auch muss sie nicht völlig rund sein, sondern darf beispielsweise Fingerab- und eindrücke aufweisen. Es sollte so trocken wie möglich gearbeitet werden, damit sich der Ton in der nächsten Phase leichter über das Papier rollen lässt.

Malphase: Das Packpapier wird in der Mitte auf den Boden gelegt. Jeder Teilnehmer wählt eine Farbe, wobei Malmittel bereitstehen sollten, die eine festere Konsistenz aufweisen (Ölfarben, Fingerfarben). Jeder Teilnehmer bringt etwas von der von ihm gewählten Farbe auf das Packpapier, wobei darauf zu achten ist, dass die Ränder des Packpapiers farbfrei bleiben sollten.

Experimentierphase: Die Teilnehmer fassen das Packpapier an den Rändern und Ecken und heben es an. Der Gruppenleiter nimmt, mit Erlaubnis des jeweiligen Teilnehmers, eine der Tonkugeln und setzt sie auf das Papier. Nun wird das Papier mit der Kugel vorsichtig bewegt, so dass Farbspuren auf dem Papier entstehen. Dann nimmt der Gruppenleiter die Kugel vom Papier und setzt die nächste darauf, bis nacheinander alle Kugeln einmal auf dem Papier bewegt wurden. Zwischendurch kann, je nach Wunsch der Teilnehmer, neue Farbe aufgetragen werden. Sollte das Papier nach einigen Kugeln zu feucht werden, so dass die Gefahr besteht, dass es reißt, wird ein neues Stück Papier genommen (Leutkart 2004).

Besprechungsphase: Die Kugeln, die nun Farbspuren aufweisen, werden den jeweiligen Teilnehmern zurückgegeben, das Bild, respektive die Bilder werden in der Mitte platziert und die Teilnehmer berichten über ihre Gefühle, Gedanken und Eindrücke. Ein mögliches anzusprechendes Thema wäre das des Zufalls. Hierzu können die Teilnehmer frei assoziieren und überlegen, welche Rolle der Zufall bei der vollbrachten Arbeit gespielt hat und welchen Stellenwert und Einfluss er in ihrem Leben hat.

2.30 Dialogisches Arbeiten mit Tonfiguren

Material: Ton, Schreibutensilien

Tonarbeitsphase: Jeder Teilnehmer formt eine Tonfigur als Stellvertreter für sich selbst und eine Figur, die stellvertretend für den Menschen steht, mit dem der Teilnehmer gerne in Kontakt treten würde. Dabei kann es sich um eine Person handeln, die aktuell einen Einfluss auf das Leben des Teilnehmers hat oder früher einen Einfluss hatte. Es kann sich bei dem ausgewählten Menschen sowohl um lebende, als auch bereits verstorbene Personen handeln, um Menschen, mit denen ein Kontakt in der Realität möglich ist, aber auch um Menschen, mit denen dieser nicht möglich ist. Die Figuren werden dabei nur andeutungsweise dargestellt. Bei der Gestaltung ist es sinnvoll, auf Größenverhältnisse und Körperdimensionen zu achten, wobei nicht entscheidend ist, ob die dargestellten Verhältnisse den Tatsachen entsprechen oder überzeichnet sind. Entscheidend für die Darstellung ist das Empfinden der Teilnehmer.

Schreibphase: Die beiden Figuren werden räumlich zueinander angeordnet, wobei darauf zu achten ist, in welcher Entfernung sie sich befinden und ob die Körper einander zugewandt oder voneinander abgewandt sind. Die Figuren werden eine Zeitlang betrachtet und so lange verschoben, bis der jeweilige Teilnehmer das Gefühl hat, seine Figuren befinden sich in einer stimmigen Position. Dann lässt er die Figuren einen fiktiven Dialog führen, den er notiert. Auch hier geht es nicht darum, einen real möglichen Dialog zu entwerfen, sondern vielmehr darum, Gefühle und Gedanken zum Ausdruck zu bringen und beispielsweise Wünsche zu äußern, die in der Realität vielleicht nur schwer oder gar nicht möglich sind.

Präsentationsphase: Jeder Teilnehmer stellt seine beiden Akteure vor und liest den von ihm verfassten Dialog. Danach berichtet er, wie es ihm in den einzelnen Übungsphasen ergangen ist und wie er sich nach der Präsentation fühlt. Falls gewünscht, kann der Darstellende vom Gruppenleiter und den anderen Teilnehmern ein Feedback erhalten. Abschließend kann jeder Teilnehmer noch sagen, ob er glaubt, dass das inszenierte Gespräch irgendeinen Einfluss auf seinen Alltag und die in der Übung dargestellten Figuren haben könnte.

Bildnachweis

Abb. 1 a–c
    Künstlerin: Bärbel Stoeckermann
    Foto: Robert Neumannn
Abb. 2 a–b
    Künstlerin: Silke Heimes
    Foto: Christoph Rau Photographie Darmstadt
Abb. 3
    Künstlerin: Silke Heimes
    Foto: Christoph Rau Photographie Darmstadt
Abb. 4
    Künstlerin: Silke Heimes
    Foto: Christoph Rau Photographie Darmstadt
Abb. 5
    Künstlerin: Silke Heimes
    Foto: Silke Heimes
Abb. 6
    Künstlerin: Silke Heimes
    Foto: Silke Heimes
Abb. 7
    Künstlerin: Silke Heimes
    Foto: Christoph Rau Photographie Darmstadt
Abb. 8 a–b
    Projektleiter: Thomas Schäffler
    Foto: Thomas Schäffler
Abb. 9
    Projektleiterin: Uta Hennig
    Foto: Uta Hennig

Literatur

Alberti, L.B. (1972). On Painting and On Sculpture. The Latin Texts of De Pictura and De Statua with translations. London: Phaidon.
Aldridge, D. (2007). Forschungsstrategien für schöpferische Kunsttherapie. Tagungsbeitrag zur Tagung ‚Kreativtherapien' des Landschaftsverbandes Rheinland. Tagungsdokumentation.
Baer, U. (2007). Kreative Therapie im Spagat zwischen Kunst und Wissenschaft. Tagungsbeitrag zur Tagung ‚Kreativtherapien' des Landschaftsverbandes Rheinland. Tagungsdokumentation
Baumeister, W. (1947). Das Unbekannte in der Kunst. Argenbühl: Schwab.
Becker-Glauch W. (2003). Die Selbstverständlichkeit der Kunst in der Therapie der griechischen Tragödie. In: Bertolaso, Y. (Hrsg.). Die Künste in den künstlerischen Therapien. Selbstverständlichkeit oder Etikettenschwindel? Münster: Paroli, S. 63–91.
Bertolaso, Y. (Hrsg.). (2003). Die Künste in den künstlerischen Therapien. Selbstverständlichkeit oder Etikettenschwindel? Münster: Paroli.
Boeckh, A. (2006). Die Gestalttherapie. Eine praktische Orientierungshilfe. Stuttgart: Kreuz.
Bollmann, S. (2005). Frauen, die lesen, sind gefährlich. München: Elisabeth Sandmann.
Bornemann, E. / Mann-Tiechler, v. G. (1963/64). Handbuch der Sozialerziehung in 3 Bänden. Freiburg: Herder.
Bradbury, R. (1965) Fahrenheit 451. New York: Ballantine.
Csíkszentmihályi, M. (1997). Das flow-Erlebnis. Jenseits von Angst und Langeweile im Tun aufgehen. Stuttgart: Klett-Cotta.
Decker-Voigt, H-H. (2002). The thorny path leading to the healing arts in medicine. In: Levine, S.K. (Hrsg.). Crossing boundaries. Explorations in therapy & the arts. Ontario: EGS Press, S. 21–33.
Dewey, J. (1980). Kunst als Erfahrung. Frankfurt am Main: Suhrkamp.
Eberhard, M. (2003). Tanztherapie: Indikationsstellung, Wirkfaktoren, Ziele. In: Kreativtherapien. Wissenschaftliche Akzente und Tendenzen. Puhlheim: Rhein Eifel Mosel, S. 110–131.
Egger, B. (2003) Ereignis Kunsttherapie. Oberhofen: Zytglogge.
Elbing, E. / Schulze, C. / Zillmann, H. / Ostermann; T. (2009). Arthedata – Aufbau und technische Realisierung einer wissenschaftlichen Datenbank für Kunsttherapie. In: Musik-, Tanz und Kunsttherapie, 19 (3): 121–125.

Engelhardt, D. von (2005). Zur therapeutischen Wirkung schöpferischer Prozesse aus historischer Sicht. In: Spreti, F. von / Martius, P. / Förstl, H. (Hrsg.). Kunsttherapie bei psychischen Störungen. München: Elsevier, S. 3–8.

Enzensberger, H. M. (1988). Bescheidener Vorschlag zum Schutz der Jugend vor der Poesie. In: Mittelmaß und Wahn. Frankfurt am Main: Suhrkamp.

Fäth, R.J. (2007). Zum Problem der Subjektivität praxisrelevanter Kunsttherapieforschung. In: Sinapius, P. / Ganß, M. (Hrsg.). Wissenschaftliche Grundlagen der Kunsttherapie. Bd. 1. Frankfurt am Main: Peter Lang, S. 97–102.

Gadamer, H.G. (1990). Bd. 1 Hermeneutik: Wahrheit und Methode. Gründzüge einer philosophischen Hermeneutik. Tübingen: Mohr.

Ganß, M. (2008a). Die kunsttherapeutische Dokumentation zwischen Bericht und ästhetischer Erfahrung. Wissenschaftliche Standards und die multisubjektiven Bedingungen der kunsttherapeutischen Praxis. In: Ganß, M. / Sinapius, P. / de Smit, P. (Hrsg.). Ich seh dich so gern sprechen. Frankfurt am Main: Peter Lang, S. 217–218.

Ganß, M. / Sinapius, P. / de Smit, P. (Hrsg.). (2008b). Ich seh dich so gern sprechen. Sprache im Bezugsfeld von Praxis und Dokumentation künstlerischer Therapien. Frankfurt am Main: Peter Lang.

Garz, D. / Kraimer, K. (1991). Qualitativ-empirische Sozialforschung: Konzepte, Methoden, Analysen. Opladen: Westdeutscher Verlag.

Getzels, J. W. / Jackson, P. W. (1962). Creativity and Intelligence. Weinheim: Wiley-VCH.

Goethe, J.W. von (1963). Zur Farbenlehre. Tübingen: Cotta'sche Buchhandlung.

Goodman, N. (1973). Sprachen der Kunst. Ein Ansatz zur Symboltheorie. Frankfurt am Main: Suhrkamp.

Gruber, H. / Rose J. P. (2007). Künstlerische Therapien im Spannungsfeld komplexer wissenschaftlicher Herausforderungen am Beispiel einer vergleichenden Studie in der Onkologie. In: Sinapius, P. / Ganß, M. (Hrsg.). Wissenschaftliche Grundlagen der Kunsttherapie. Bd. 1. Frankfurt am Main: Peter Lang, S. 147–160.

Gruber, H. (2006). Kunsttherapie in der Onkologie – im Kontext wirtschaftlicher und wissenschaftlicher Herausforderungen. In: Matthiessen, P.F.; Wohler, D. (Hrsg.). Die schöpferische Dimension der Kunst in der Therapie. Ein interdisziplinäres Symposion. Frankfurt am Main: VAS, S. 118–129.

Hampe, R. (2003). Die Künstlerischen Therapien und das Bauhaus. In: Bertolaso, Y. (Hrsg.). Die Künste in den künstlerischen Therapien. Selbstverständlichkeit oder Etikettenschwindel? Münster: Paroli, S. 105–122.

Heidenreich, E. (2005). Kleine Fliegen. Über das Gefährliche, wenn Frauen zu viel lesen. In: Bollmann, S. Frauen, die lesen, sind gefährlich. München: Elisabeth Sandmann.

Heimes, S. (2008). Kreatives und therapeutisches Schreiben. Ein Arbeitsbuch. Göttingen: Vandenhoeck & Ruprecht.

Heimes, S. (2010). Schreib es Dir von der Seele. Kreatives Schreiben leicht gemacht. Göttingen: Vandenhoeck & Ruprecht

Henn, W.; Gruber, H. (2004). Kunsttherapie in der Onkologie. Grundlagen, Forschungsprojekte, Praxisberichte. Köln: Richter.

Hesse, E. (1978). Ezra Pound. Von Sinn und Wahnsinn. München: Kindler.
Hörmann, K. (2003). Musiktherapie zwischen Sein und Schein. Probleme effizienzbasierten Monitorings individueller Therapieziele in der Musiktherapie. In: Bertolaso, Y. (Hrsg.). Die Künste in den künstlerischen Therapien. Selbstverständlichkeit oder Etikettenschwindel? Münster: Paroli , S. 235–279.
Jahn, H. (2006). Musikorientierte Methoden in den Praxisfeldern Beratung und Coaching. Eine didaktisch orientierte Reflexion. Dissertation, Institut für Musiktherapie, Hochschule für Musik und Theater Hamburg.
Jung, C.G. (1928). Die Beziehung zwischen dem Ich und dem Unbewussten. Darmstadt: Reichl.
Kiene, H. (2005). Was ist Cognition-based Medicine? Z.ärztl.Fortb. Qual.Gesundh.wes. 99: 301–306.
Kiene, H. (2002). Wirksamkeitsbeurteilung in der Kunsttherapie. In: Petersen P. (Hrsg.). Forschungsmethoden Künstlerischer Therapien. Grundlagen – Projekte – Vorschläge. Stuttgart: Mayer, S. 110–122.
Klawans, H. (2005). Die Höhlenfrau, die Sprache und wir. 13 merkwürdige Geschichten über das menschliche Gehirn. Stuttgart: Klett-Cotta.
Knill, P.J. (2007). Was verändert die Kunst in der Therapie, und wie? In: Sinapius, P. / Ganß, M. (Hrsg.). Wissenschaftliche Grundlagen der Kunsttherapie. Bd. 1. Frankfurt am Main: Peter Lang, S. 57–78.
Knill, P.J. (1992). Ausdruckstherapie. Künstlerischer Ausdruck in Therapie und Erziehung als intermediale Methode. Bremen: Eres Edition.
Knott, G. (2006). Holtmaat A. / Wilbrecht L., et al. Spine growth precedes synapse formation in the adult neocortex in vivo. Nat. Neurosci. (9), S. 1117–1124.
Koch, S.C. (2003). Neue Forschungsentwicklungen in und um die Tanztherapie. In: Kreativtherapien. Wissenschaftliche Akzente und Tendenzen. Landschaftsverband Rheinland. Puhlheim: Rhein Eifel Mosel, S. 148–159.
Kriz, J. (2002). Expressive Arts Therapy: Ein »Spiel-Raum« für mehr Spielraum in den Sinnstrukturen der Lebenswelt. Ein »intellectual response« auf das Werk von Paolo J. Knill. In: Levine, S.K. (Hrsg.). Crossing boundaries. Explorations in therapy & the arts. Ontario: EGS Press, S. 35–60.
Kükelhaus, H. / zur Lippe, R. (1982). Entfaltung der Sinne. Ein Erfahrungsfeld zur Bewegung und Besinnung. Frankfurt am Main: Fischer.
Lehnert, G. (2000). Die Leserin. Das erotische Verhältnis der Frauen zur Literatur. Berlin: Aufbau.
Lerner, A. (1980). Poetry in the therapeutic experience. New York: MMB Music.
Leutkart, C.; Wieland, E.; Wirtensohn-Baader, I. (2004). Kunsttherapie aus der Praxis für die Praxis. Materialien, Methoden, Übungsverläufe. Dortmund: verlag modernes lernen.
Levine, S.K. (Hrsg.). (2002). Crossing boundaries. Explorations in therapy & the arts. Ontario: EGS Press, S. 1–5.
MacKinnon, D.W. (1978). In Search of Human Effectiveness: Identifying and Developing Creativity. New York: Creative Education Foundation.
Marschik, M. (1993). Poesietherapie. Therapie durch Schreiben? Wien: Turia & Kant.

McNiff, S. (2002). The Discipline of Total Expression: An Abiding Conversation. In: Levine, S.K. (Hrsg.). Crossing boundaries. Explorations in therapy & the arts. Ontario: EGS Press, S. 7–19.

McNiff, S. (1998). Art-Based Research. London: Jessica Kingsley.

Mechler-Schönach, C. (2005). InSzene Kunsttherapie. In: Spreti, F. von / Martius, P. / Förstl, H. (Hrsg.). Kunsttherapie bei psychischen Störungen. München: Elsevier, S. 9–14.

Menzen, K.H. (2001). Grundlagen der Kunsttherapie. Stuttgart: UTB.

Moreno, J.L. (1959). Gruppenpsychotherapie und Psychodrama. Stuttgart: Thieme.

Neumann, E. (1998). Kognitive Grundlegungen für integrative Kunst-/ Gestaltungstherapie und Imaginationsverfahren. In: Zeitschrift für Musik-, Tanz- und Kunsttherapie (3): 124–146.

Perls, F.S. / Hefferline, R.F. / Goodman, P. (1980). Gestalt Therapy. New York: Bantam.

Perls, F.S. / Hefferline, R.F. / Goodman, P. (1978). Das Ich, der Hunger und die Aggression. Die Anfänge der Gestalttherapie. Stuttgart: Klett-Cotta.

Petersen, P. (2007). Aufruf zum Leben. In: Sinapius, P. / Ganß, M. (Hrsg.). Wissenschaftliche Grundlagen der Kunsttherapie. Bd. 1. Frankfurt am Main: Peter Lang, S. 7–12.

Petersen, P. (Hrsg.). (2002). Forschungsmethoden Künstlerischer Therapien. Grundlagen – Projekte – Vorschläge. Stuttgart: Mayer.

Petzold, H.; Orth, I. (2005). Poesie und Therapie. Über die Heilkraft der Sprache. Poesietherapie, Bibliotherapie, Literarische Werkstätten. Bielefeld und Locarno: Edition Sirius.

Piaget, J. (1975). Psychologie der Intelligenz. Stuttgart: Klett-Cotta.

Polster, E. u. M. (1974). Gestalt Therapy Integrated: Contours of Theory & Practice, LA (USA): Vintage.

Rico, G. (1984). Garantiert Schreiben lernen. Sprachliche Kreativität methodisch entwickeln. Ein Intensivkurs auf der Grundlage der modernen Gehirnforschung. Reinbek: Rowohlt.

Safranski, R. (2007). Romantik. Eine deutsche Affäre. München: Hanser.

Schieffelin-Gersie, A. (2003). Dramatherapie – Von den Wurzeln bis zur Methode. In: Kreativtherapien. Wissenschaftliche Akzente und Tendenzen. Landschaftsverband Rheinland. Puhlheim: Rhein Eifel Mosel, S. 46–57.

Schottenloher, G. (1989). Kunst- und Gestaltungstherapie – Eine praktische Einführung. München: Kösel.

Schuster, M. (1986). Kunsttherapie. Die heilende Kraft der Gestaltung. Köln: Du Mont.

Sherrington, S.C. (1906). The Integrative Action of the Nervous System. New York: Charles Scribner's Sons.

Sinapius, P. (2008a). Bilder der Sprache – Sprache der Bilder. Kriterien für die Qualität von Dokumentationen künstlerisch therapeutischer Praxis. In: Ganß, M. / Sinapius, P. / de Smit, P. (Hrsg.). Ich seh dich so gern sprechen. Frankfurt am Main: Peter Lang, S. 219–236.

Sinapius P. (2008b). Über das Eingießen von Kunst und andere didaktische Methoden in der kunsttherapeutischen Ausbildung. Kunst und Therapie (1). S. 25–34.
Sinapius, P. / Ganß, M. (Hrsg.). (2007). Wissenschaftliche Grundlagen der Kunsttherapie. Bd. 1. Grundlagen, Modelle und Beispiele kunsttherapeutischer Dokumentation. Frankfurt am Main: Peter Lang.
Smeijsters, H. (2003). Ein Masterplan für die Verwissenschaftlichung der Kreativtherapie. In: Kreativtherapien. Wissenschaftliche Akzente und Tendenzen. Landschaftsverband Rheinland. Puhlheim: Rhein Eifel Mosel, S. 87–109.
Specht, A. (2004). Traumverarbeitung in der Kunsttherapie bei Krebs – Psychosomnologische Aspekte in der onkologischen Rehabilitation. In: Henn, W. / Gruber, H. (Hrsg.). Kunsttherapie in der Onkologie. Grundlagen, Forschungsprojekte, Praxisberichte. Köln: Richter, S. 233–242.
Spitzer M. (2002). Lernen. Gehirnforschung und die Schule des Lebens. Heidelberg: Spektrum.
Spreti, F. von / Martius, P. / Förstl H. (Hrsg.). (2005). Kunsttherapie bei psychischen Störungen. München: Elsevier.
Steiner, R. (1959). Über Gesundheit und Krankheit. Grundlagen einer geisteswissenschaftlichen Sinneslehre. Achtzehn Vorträge gehalten vor den Arbeitern am Goetheanumbau in Dornach 19. Oktober 1922–10. Februar 1923. Herausgegeben von J. Waeger. Dornach: Rudolf Steiner Nachlassverwaltung.
Stern, A. (2005). Das Malspiel und die Natürliche Spur: Malort, Malspiel und die Formulation. Klein Jasedow: Drachen.
Stern, A. (1998). Der Malort. Einsiedeln: Daimon.
Stern, A. (1996). Die natürliche Spur. Wenn die Mal-Lust nicht zu Werken führt. Bocholt: Kamphausen.
Stern, D. (2003). Die Lebenserfahrung des Säuglings. Stuttgart: Klett-Cotta.
Subkowski, P. / Wittstruck, W. (Hrsg.). (2000). Kunst und Therapie. Freiburg: Lambertus.
Tüpker, R. (2002). Auf der Suche nach angemessenen Formen wissenschaftlichen Vorgehens in kunsttherapeutischer Forschung. In: Petersen, P. (Hrsg.). Forschungsmethoden Künstlerischer Therapien. Grundlagen – Projekte – Vorschläge. Stuttgart: Mayer, S. 95–109.
Tunner, W. (1999). Psychologie und Kunst. Vom Sehen zur sinnlichen Erkenntnis. Heidelberg: Springer.
Widlöcher, D. (1993) Was eine Kinderzeichnung verrät. Frankfurt am Main: Fischer.
Wittstruck, W. (2000). Gespräche über Gespräche – Literaturtherapie. In: Subkowski, P. / Wittstruck, W. (Hrsg.). Kunst und Therapie. Freiburg: Lambertus, S. 95–118.
Winnicott, D.W. (1974). Vom Spiel zur Kreativität. Stuttgart: Cotta'sche Buchhandlung.
Zeuch, A. (2003). Kunstverständnis in der Musiktherapie – eine empirische Studie. In: Bertolaso, Y. (Hrsg.). Die Künste in den künstlerischen Therapien. Selbstverständlichkeit oder Etikettenschwindel? Münster: Paroli, S. 185–203.

Wenn Sie weiterlesen möchten …

Silke Heimes

Schreiben entlastet, schafft Ordnung im Chaos, verhilft zu Einsichten und führt zu einem reichen und lebendigen Leben. Anhand vielfältiger praktischer Übungen, die leicht durchführbar sind und Schreibspaß vermitteln, zeigt Silke Heimes, wie es gelingen kann, das »Schreib-Ich« zu wecken und Schreiben als natürliche, kreative Kraft und Inspirationsquelle zu nutzen. Ob spielerisch die Zeilen geschnitten werden (Cut-up-Technik) oder die Lieblingsspeise imaginiert wird, der Schreibende erweitert seinen Blick, wechselt die Perspektive, öffnet sich für neue Erfahrungen und tritt in tiefen, befriedigenden Kontakt mit sich und seiner Umwelt.

Silke Heimes
Kreatives und therapeutisches Schreiben
Ein Arbeitsbuch

Schreiben kann eine Entdeckungsreise zu sich selbst, eine achtsame Annäherung an die eigene Person und die Umwelt sein und es fördert die Persönlichkeitsentwicklung. Relevante lebensgeschichtliche Konflikte können aufgearbeitet werden. Kreatives und therapeutisches Schreiben intensiviert die Wahrnehmungs- und Erlebnisfähigkeit, es verändert die routinierte Wahrnehmung und erweitert den Blick. Hierfür werden Techniken wie Imagination und Traumarbeit vorgestellt. Eigenes Schreiben steht jedem offen, es bedarf keiner besonderen literarischen oder sprachwissenschaftlichen Fähigkeiten, vielmehr ist in jedem Menschen ein sprachliches Ausdrucksvermögen vorhanden. Dieses Arbeitsbuch enthält zahlreiche Schreibübungen und Anleitungen für Poesietherapeuten, Psychotherapeuten und Schreibgruppenleiter.
Es unterstützt außerdem die poetische Selbstanalyse.

Rainer M. Holm-Hadulla
Kreativität
Konzept und Lebensstil

Die moderne Wissenschaft verfügt über Erkenntnisse, die das Geheimnis der Kreativität erhellen. Der Autor beschreibt allgemein verständlich die wesentlichen Elemente der Kreativität: Begabung, Wissen, Motivation, Persönlichkeitseigenschaften und Umgebungsbedingungen. Anschließend werden die fünf Phasen des kreativen Prozesses dargestellt: Vorbereitung, Inkubation, Illumination, Realisierung und Verifikation. Aus der Analyse kreativer Persönlichkeiten und Prozesse werden Konsequenzen für ihre Förderung in Schule, Beruf, Wissenschaft, Kultur, Wirtschaft und Politik gezogen. Ein fundiertes Verständnis der Kreativität hilft, schöpferische Potenziale in den genannten Bereichen zu entdecken und zu fördern.
In der heutigen Welt mit ihren vielfältigen Herausforderungen ist aber nicht nur die außergewöhnliche, sondern auch die alltägliche Kreativität von großer praktischer Bedeutung. Die Beachtung kreativer Aspekte in Erziehung, Ausbildung, Partnerschaft, Sexualität und persönlicher Entwicklung führt zu einer sinnvollen Lebensgestaltung.

Gerhard Dammann / Thomas Meng (Hg.)
Spiegelprozesse in Psychotherapie und Kunsttherapie
Das Progressive Therapeutische Spiegelbild – eine Methode im Dialog
Mit einem Geleitwort von Gaetano Benedetti.

Prozesse der Spiegelung und Symmetrie in der psychodynamischen Therapie psychisch erkrankter Menschen werden durch aktuelle neurobiologische Befunde bestätigt.
Zahlreiche der heute diskutierten psychotherapeutischen Konzepte und auch neurowissenschaftliche Entdeckungen wie die Spiegelneuronen wurden in dem psychoanalytisch-kunsttherapeutischen Ansatz des »Progressiven Therapeutischen Spiegelbilds« vorweggenommen. Diese von Gaetano Benedetti gemeinsam mit Maurizio Peciccia entwickelte Behandlungsmethode bewährt sich insbesondere für die Therapie psychisch schwer kranker Menschen. In einem kreativen Dialog von Therapeut und Patient anhand von abwechselnd gezeichneten Bildern versucht der Therapeut vorsichtig in die hermetische Welt des Kranken vorzudringen und dessen gestörtes Selbstbild zu rekonstruieren.

Plädoyer für eine nützliche Psychologie

V&R

Uwe Peter Kanning / Lutz von Rosenstiel / Heinz Schuler (Hg.)
Jenseits des Elfenbeinturms: Psychologie als nützliche Wissenschaft
2010. 400 Seiten mit 25 Abb. und 11 Tab., gebunden. ISBN 978-3-525-40426-3

Lösung praktischer Probleme statt Elfenbeinturm: Was die Psychologie in Forschung, Lehre und Praxis dafür tun muss, verrät dieser Band. Wie anwendungsorientiert muss eine Wissenschaft sein? Wo steht die Psychologie heute? Was sollte sich ändern, damit sich das Nützlichkeitspotential der Psychologie voll und ganz entfalten kann? Solchen Fragen gehen renommierte Vertreter des Fachs in diesem Kompendium nach. Sie schlagen einen Bogen über Geschichte, Grundlagen und Spielregeln der Wissenschaft Psychologie, die aktuelle Lage in Forschung, Lehre und Ausbildung bis hin zu jungen Disziplinen wie der »Psychologie des Glücks« und entdecken dabei viele Schätze, die darauf warten, zum Nutzen aller gehoben zu werden.

Vandenhoeck & Ruprecht

Bücher fürs Studium

V&R

Arist von Schlippe / Jochen Schweitzer
Systemische Interventionen
UTB Profile 3313
2009. 128 Seiten mit 7 Abb., kartoniert
ISBN 978-3-8252-3313-6

Systemische Interventionen in Theorie und Praxis - dargestellt von zwei ausgewiesenen Experten und direkt umsetzbar.

»...Arist von Schlippe und Jochen Schweitzer haben jetzt ein Kompendium systemischen Anwendungswissens herausgebracht, das sicherlich bald zur Standardlektüre für AusbilderInnen und AusbildungskandidatInnen werden dürfte,...« *Wolfgang Loth, Zeitschrift für systemische Therapie und Beratung*

Udo Rauchfleisch
Testpsychologie
Eine Einführung in die Psychodiagnostik
UTB 1063
5. Auflage 2008. 280 Seiten mit 2 Abb. und 2 Tab., kartoniert
ISBN 978-3-8252-1063-2

Das Standardwerk liefert einen Überblick über die allgemeinen Probleme der Testpsychologie und über die derzeit gebräuchlichen Tests und Verfahren im deutschsprachigen Bereich.

Walter Bruchhausen / Heinz Schott
Geschichte, Theorie und Ethik der Medizin
UTB 2915
2008. 265 Seiten mit 75 Abb. und 6 Tab., kartoniert. ISBN 978-3-8252-2915-3

Zur Examens- und Prüfungsvorbereitung für alle Studierenden der Medizin.

Michael Krämer
Grundlagen und Praxis der Personalentwicklung
UTB 2906
2007. 254 Seiten mit 67 Abb. und 58 Tab., kartoniert. ISBN 978-3-8252-2906-1

Für alle, die wissen wollen, wie man Personal am besten auswählt, unterstützt und fördert.

Jürgen Bolten
Einführung in die Interkulturelle Wirtschaftskommunikation
UTB 2922
2007. 288 Seiten mit 72 Abb. und 35 Tab., kartoniert
ISBN 978-3-8252-2922-1

Interkulturelles Handeln in Management, Marketing und Personalentwicklung will gelernt sein.

Vandenhoeck & Ruprecht